Ontdek gratis online spelletjes

Hier verkrijgbaar:

BestActivityBooks.com/FREEGAMES

5 TIPS OM TE BEGINNEN!

1) HOE OP TE LOSSEN

De Puzzels zijn in een Klassiek Formaat:

- Woorden worden verborgen zonder pauzes (geen spaties, streepjes, ...)
- Oriëntatie: Voorwaarts & Achterwaarts, Boven & Beneden of in Diagonaal (kan in beide richtingen)
- Woorden kunnen elkaar overlappen of kruisen

2) ACTIEF LEREN

Naast elk woord is een spatie voorzien om de vertaling te noteren. Om actief te leren vindt u een **WOORDENBOEK** aan het einde van deze editie om uw kennis te controleren en uit te breiden. U kunt elke vertaling opzoeken en opschrijven, de woorden in de puzzel vinden en ze vervolgens aan uw woordenschat toevoegen!

3) TAG JE WOORDEN

Hebt u al geprobeerd een labelsysteem te gebruiken? U zou bijvoorbeeld de woorden die moeilijk te vinden waren kunnen markeren met een kruis, de woorden die u leuk vond met een ster, nieuwe woorden met een driehoek, zeldzame woorden met een ruit enzovoort...

4) ORGANISEER UW LEREN

Wij bieden ook een handig **NOTITIEBOEKJE** aan het eind van deze uitgave. Of u nu op vakantie, op reis of thuis bent, u kunt uw nieuwe kennis gemakkelijk ordenen zonder dat u een tweede notitieboek nodig hebt!

5) AFGESLOTEN?

Ga naar de bonussectie: **FINAAL UITDAGING** om een gratis spel te vinden dat aan het einde van deze editie wordt aangeboden!

Wil je meer leuke en leerzame activiteiten? Het is Snel en Eenvoudig! Een hele collectie spelboeken slechts **één klik verwijderd!**

Vind uw volgende uitdaging bij:

BestActivityBooks.com/MijnVolgendeBoek

Klaar... Start!

Wist u dat er zo'n 7000 verschillende talen in de wereld zijn? Woorden zijn kostbaar.

We houden van talen en hebben hard gewerkt om de boeken van de hoogste kwaliteit voor u te maken. Onze ingrediënten?

Een selectie van onmisbare leerthema's, drie grote plakken plezier, dan voegen we er een lepel moeilijke woorden en een snuifje zeldzame woorden aan toe. We serveren ze met zorg en een maximum aan verrukking, zodat je de beste woordspelletjes kunt oplossen en veel plezier beleeft aan het leren!

Uw feedback is essentieel. U kunt een actieve bijdrage leveren aan het succes van dit boek door een recensie achter te laten. Vertel ons wat u het meest beviel in deze editie!

Hier is een korte link die u naar uw bestelpagina brengt:

BestBooksActivity.com/Recensies50

Bedankt voor uw hulp en veel plezier met het spel!

Linguas Classics

1 - Metingen

```
B D E U V L B G D H G C F C
K Y D J O I R R M Ö R D S E
I P T R L T N A E J A Z A N
L S O E Y E X D E D M Y Z T
O Z N N M R X J G E D A J I
M M E T E R Y U G C O U Z M
E W Z E C Y E P V I K T M E
T M K I L O G R A M I N U T
E Y N C X K U B V A K T V E
R W H L G M S N M L L R L R
U F O X K A D B S L Ä N D V
B T N S Y S W D B H N O J T
X B U E U S P C D P G Y O U
E G B D K A P J I G D P L M
```

BREDD	KILOGRAM
BYTE	KILOMETER
CENTIMETER	LÄNGD
DECIMAL	LITER
DJUP	MASSA
VIKT	METER
GRAD	MINUT
GRAM	UNS
HÖJD	TON
TUM	VOLYM

2 - Keuken

```
S  Z  K  L  S  K  Å  L  N  U  M  G  B  T
V  B  U  R  K  G  A  F  F  L  A  R  O  R
A  F  I  K  Y  T  B  N  F  D  T  I  F  C
M  Ö  W  O  L  D  X  L  N  G  U  L  N  O
P  R  W  P  T  K  D  N  Y  A  G  L  S  E
S  K  W  P  S  Y  Z  O  H  O  N  Y  I  I
O  L  J  A  E  L  G  Y  R  E  C  E  P  T
D  Ä  E  R  R  S  D  S  W  S  J  U  M  V
G  D  M  V  V  K  N  I  V  A  R  H  C  D
G  E  A  I  E  Å  B  C  G  U  H  S  H  V
F  Z  B  Ä  T  P  I  N  N  A  R  N  H  R
C  V  A  T  T  E  N  K  O  K  A  R  E  E
S  K  E  D  A  R  F  R  Y  S  W  T  X  U
U  N  N  S  S  G  U  B  R  E  C  R  T  A
```

KOPPAR	SLEV
ÄTPINNAR	BURK
GRILL	RECEPT
VATTENKOKARE	FÖRKLÄDE
KYLSKÅP	SERVETT
SKÅL	KRYDDOR
KANNA	SVAMP
SKEDAR	MAT
KNIVAR	GAFFLAR
UGN	FRYS

3 - Boten

```
M K V W V E X L S J Ö M A N
O A F A I E J H Y F P U M K
T N Ä H A V H R C M E V E B
O O R E P T N S I C B X U E
R T J G E F A N K A R E H S
L P A U V L V C K M A A R Ä
F V F S J O Y N M A S T D T
R L Z A B T A A C E J Z O T
U W O I R T C U T X X A C N
D Y B D S E H T H N X V K I
Z C M C A J T I A V I J A N
L I V B Å T Ö S Y O A N U G
V Å G O R J X K I I W D U N
B J T J S E G E L B Å T N G
```

ANKARE	SJÖ
BESÄTTNING	MOTOR
BOJ	NAUTISK
DOCKA	LIVBÅT
VÅGOR	FLOD
YACHT	REP
KAJAK	FÄRJA
KANOT	FLOTTE
MAST	HAV
SJÖMAN	SEGELBÅT

4 - Chocolade

```
R M G S A P F E D S J K I L
E S M W N U U X X C T H L Ä
C M R E T A K L K O L A O C
E V D N I B A T V T B B K
P C L S O G L X H E A I A E
T F B Y X U O J D E R T S R
K A S V I W R D J R O T X K
S V Z I D E I P M L M E N O
K O V Y A L E S M A K R Z K
G R C I N G R E D I E N S O
O I R K T K A K A O S Ö T S
D T P F E N G W J T U J H J
I B O J O R D N Ö T T E R B
S F N N V P K V A L I T E T
```

ANTIOXIDANT
AROM
BITTER
KAKAO
KALORIER
EXOTISK
FAVORIT
LÄCKER
INGREDIENS
KOLA

KOKOS
KVALITET
JORDNÖTTER
PULVER
RECEPT
SMAK
GODIS
SOCKER
SÖT

5 - Tijd

```
Å  M  I  G  Å  R  H  Z  K  U  L  V  Z  M
R  R  I  K  R  W  Z  T  L  Z  V  E  M  O
T  K  L  D  A  G  O  I  O  J  C  C  I  R
I  A  B  I  D  N  U  M  C  E  C  K  N  G
O  L  Z  I  G  A  W  M  K  H  F  A  U  O
N  E  I  E  N  T  G  E  A  C  E  T  T  N
D  N  D  T  O  T  D  Y  P  E  C  G  E  W
E  D  A  K  F  R  A  M  T  I  D  V  O  R
P  E  G  M  Å  R  H  U  N  D  R  A  D  E
M  R  L  F  N  I  H  R  M  W  M  F  H  N
Å  T  I  D  I  G  H  I  V  B  D  O  E  J
N  J  X  G  I  F  J  L  J  U  L  K  Z  Z
A  F  R  P  I  T  Y  U  Y  T  H  Y  G  Z
D  B  I  C  C  H  G  D  S  D  O  E  E  H
```

DAG	MINUT
ÅRTIONDE	EFTER
ÅRHUNDRADE	NATT
IGÅR	NU
ÅR	MORGON
ÅRLIG	FRAMTID
KALENDER	TIMME
KLOCKA	IDAG
MÅNAD	TIDIG
MIDDAG	VECKA

6 - Meditatie

```
K J N G O D K Ä N N A N D E
Ä M A A L B R R H H P D E B
N U T U T Y P S Y K I S K U
S S U C T A C K S A M H E T
L I R F M H K K A F M G A L
O K O B S E R V A T I O N R
R H Å L L N I N G A G E T Ö
V Ä N L I G H E T N N U I R
F T Y S T N A D E K Y D B E
Z R K L A R H E T A H N A L
Y E E V A K E N A R L P R S
H J W D M E D K Ä N S L A E
U P P M Ä R K S A M H E T H
P E R S P E K T I V F P M J
```

UPPMÄRKSAMHET	MEDKÄNSLA
GODKÄNNANDE	PSYKISK
ANDAS	MUSIK
RÖRELSE	NATUR
TACKSAMHET	OBSERVATION
KÄNSLOR	PERSPEKTIV
TANKAR	TYSTNAD
LYCKA	FRED
KLARHET	VÄNLIGHET
HÅLLNING	VAKEN

7 - Zomer

```
T H P K S I V D F S G B S A
V R V F T R S Y A A J Ö T V
S F Ä H E M P K M N L C P K
H X N D J B E N I D Y K F O
A P N B G A L I L A X E R P
V W E H E Å O N J L P R I P
O B R C U T R G K E C S T L
M I N N E N M D Z R I D I I
A N V L M S T R A N D P D N
T J X G P U G L Ä D J E Z G
R W D F S W S T J Ä R N O R
P E S C A M P I N G C V Y P
G C S M J R C R K S G O S U
S N W A S E M E S T E R H N
```

BÖCKER
DYKNING
FAMILJ
SPEL
MINNEN
HEM
CAMPING
MUSIK
AVKOPPLING
RESA

SANDALER
STJÄRNOR
STRAND
TRÄDGÅRD
SEMESTER
MAT
GLÄDJE
VÄNNER
FRITID
HAV

8 - Vogels

```
U R H Z F X P Ä U H F C T S
D V N U T I E B G Ä L C B R
H K N Z G N L H L G A K W T
F Y M X C L I I U E M V P S
F C S K R Å K A M R I K A N
S K V T N R A N L O N B P U
T L A T O X N A L T G T E G
R I N H K R D I E O O O G C
U N G Ö K W K W C M I U O I
T G M Å S P A R V W P C J H
S A G L G Å S T I R A A A S
W N A L P Å F Å G E L N U X
P K I A A P I N G V I N J M
E A I C F J L R D U V A G D
```

DUVA
ANKA
ÄGG
FLAMINGO
GÅS
KYCKLING
GÖK
KRÅKA
MÅS
SPARV

STORK
PAPEGOJA
PÅFÅGEL
PELIKAN
PINGVIN
HÄGER
STRUTS
TOUCAN
UGGLA
SVAN

9 - Behoud

```
N G E G O Z T K M I L J Ö C
H R H V A T T E N A Y W Y Y
T Ö K L I V S M I L J Ö M K
E N O R G A N I S K F H Z E
J K L I M A T K R H Ö Ä F L
B K O R O W N A T U R L I G
A J F S B B A L Z M O S V S
I G J T Y S X I R D R A O M
S D B O Y S C E O Y E V L O
U N J R M C T R N K N P O G
H Å L L B A R E U R I T N S
M I N S K A N J M B N P T V
U T B I L D N I N G G N Ä X
Å T E R V I N N A W Z M R I
```

KEMIKALIER	NATURLIG
HÅLLBAR	UTBILDNING
EKOSYSTEM	ORGANISK
CYKEL	ÅTERVINNA
HÄLSA	MINSKA
GRÖN	FÖRORENING
LIVSMILJÖ	VOLONTÄR
KLIMAT	VATTEN
MILJÖ	ORO

10 - Wiskunde

```
Y  R  G  V  S  D  E  C  I  M  A  L  S  S
I  E  E  I  Y  D  X  K  W  V  E  T  U  F
F  K  O  N  M  I  P  M  U  A  K  P  M  Ä
R  T  M  K  M  V  O  D  W  A  V  B  M  R
A  A  E  E  E  I  N  R  C  R  A  S  A  X
K  N  T  L  T  S  E  P  D  I  T  P  L  B
T  G  R  R  R  I  N  A  I  T  I  O  G  A
I  E  I  Ä  I  O  T  R  A  M  O  L  R  W
O  L  Z  T  F  N  A  A  M  E  N  Y  P  G
N  I  W  V  M  H  T  L  E  T  V  G  L  A
V  I  N  K  L  A  R  L  T  I  O  O  T  E
O  M  K  R  E  T  S  E  E  S  L  N  A  S
B  M  B  W  M  L  Z  L  R  K  Y  P  O  X
T  R  I  A  N  G  E  L  L  R  M  G  S  B
```

SFÄR	OMKRETS
DECIMAL	PARALLELL
DIAMETER	REKTANGEL
DIVISION	ARITMETISK
TRIANGEL	SUMMA
EXPONENT	SYMMETRI
FRAKTION	POLYGON
GEOMETRI	EKVATION
VINKLAR	TORG
VINKELRÄT	VOLYM

11 - Camping

```
E N X U N N H U A Y Z A E H
L K K O M P A S S S K O G Ä
D U A G S C T J Z C W G B N
G M Å N E L T Ö J Ä N F I G
W O F I O O W E U V P I E M
S T U G A T K F S E K U C A
O U B P I I Ä J I N S E K T
L R R I W B T L G T J C X T
C M O E C S F Y T Y C T J A
V P X L F N K K W R S Y N U
X F X H P H A T T U Ä F A K
R E P D J U R A O P N D T B
O H R S D I T J A K T B U X
B E R G A W A H T F H N R M
```

ÄVENTYR	JAKT
BERG	KARTA
TRÄD	KANOT
SKOG	KOMPASS
ELD	LYKTA
STUGA	MÅNE
DJUR	SJÖ
HÄNGMATTA	NATUR
HATT	TÄLT
INSEKT	REP

12 - Activiteiten

```
F  I  D  Z  P  C  Y  C  V  R  M  W  F  D
F  H  V  A  X  V  A  N  D  R  I  N  G  Y
F  R  X  J  N  Z  J  M  A  M  N  Z  K  U
O  A  I  E  S  S  A  A  P  U  S  S  E  L
T  V  A  T  Y  S  K  G  H  I  G  M  R  K
O  K  K  L  I  Y  T  I  G  K  N  D  A  O
G  O  T  Ä  S  D  N  Ö  J  E  K  G  M  N
R  P  I  S  Ö  L  H  X  F  Z  M  I  I  S
A  P  V  N  M  Å  L  N  I  N  G  U  K  T
F  L  I  I  N  T  P  C  S  P  E  L  X  I
I  I  T  N  A  C  T  E  K  Z  W  E  X  C
V  N  E  G  D  T  T  M  E  N  S  W  X  B
B  G  T  F  Ä  R  D  I  G  H  E  T  T  R
H  A  N  T  V  E  R  K  F  U  C  N  Y  W
```

AKTIVITET	LÄSNING
HANTVERK	MAGI
DANS	SÖMNAD
FOTOGRAFI	AVKOPPLING
SPEL	NÖJE
FISKE	PUSSEL
JAKT	MÅLNING
CAMPING	FÄRDIGHET
KERAMIK	FRITID
KONST	VANDRING

13 - Vormen

```
P  R  I  S  M  A  C  Y  A  D  P  E  F  O
V  K  U  K  R  E  K  T  A  N  G  E  L  V
R  H  K  N  U  N  U  C  T  J  W  Z  S  A
P  P  X  M  D  B  R  Y  M  T  O  K  S  L
A  W  V  R  U  C  V  H  H  M  T  U  U  F
K  O  N  M  E  I  A  P  Ö  I  Y  L  D  C
T  S  S  P  Z  R  P  Y  R  A  M  I  D  L
R  T  O  R  G  K  K  A  N  T  E  R  D  I
I  V  B  Å  G  E  P  O  L  Y  G  O  N  N
A  S  V  C  Y  L  I  N  D  E  R  N  S  J
N  F  I  H  Y  P  E  R  B  E  L  I  F  E
G  E  E  D  R  S  F  K  R  P  F  S  Ä  O
E  O  L  V  A  T  W  A  T  D  I  W  R  F
L  D  H  R  A  L  K  F  C  F  T  B  Z  S
```

SFÄR	KUB
BÅGE	LINJE
CYLINDER	OVAL
CIRKEL	PYRAMID
KURVA	PRISMA
TRIANGEL	KANTER
HÖRN	REKTANGEL
HYPERBEL	RUND
SIDA	POLYGON
KON	TORG

14 - Astronomie

```
O  B  S  E  R  V  A  T  O  R  I  U  M  U
K  M  K  C  N  K  K  O  M  E  T  H  T  N
A  O  E  O  A  S  T  R  O  N  A  U  T  I
S  N  N  T  S  T  R  Å  L  N  I  N  G  V
T  E  D  S  E  M  A  L  L  V  A  R  A  E
R  B  A  A  T  O  O  D  T  Z  T  J  S  R
O  U  G  T  E  E  R  S  Y  C  Y  H  T  S
N  L  J  E  L  P  L  A  N  E  T  A  E  U
O  O  Ä  L  E  M  J  L  P  A  W  V  R  M
M  S  M  L  S  Å  R  R  A  K  E  T  O  J
G  A  N  I  K  N  O  X  Y  T  U  V  I  B
I  U  I  T  O  E  F  V  U  V  I  O  D  E
F  D  N  X  P  K  P  H  X  O  J  O  R  D
U  O  G  I  R  S  T  J  Ä  R  N  A  N  F
```

JORD	OBSERVATORIUM
ASTEROID	PLANET
ASTRONAUT	RAKET
ASTRONOM	SATELLIT
DAGJÄMNING	STJÄRNA
KOMET	KONSTELLATION
KOSMOS	STRÅLNING
MÅNE	TELESKOP
METEOR	UNIVERSUM
NEBULOSA	ALLVAR

15 - Emoties

```
Ö  S  V  U  P  P  H  E  T  S  A  D  E  Y
V  C  Ä  G  L  Ä  D  J  E  F  R  T  F  N
E  V  N  T  U  R  J  A  E  A  N  X  I  B
R  O  L  A  G  Y  P  Ö  H  V  I  Ö  T  W
R  V  I  C  N  F  M  M  U  S  L  M  J  X
A  G  G  K  L  N  R  H  B  L  S  X  D  D
S  S  H  S  S  H  L  E  D  A  K  S  N  J
K  O  E  A  N  W  Ä  T  D  P  A  A  P  X
N  R  T  M  A  J  T  N  M  P  R  L  S  D
I  G  J  O  U  V  T  J  X  N  Ä  I  R  R
N  C  J  Z  G  E  N  E  R  A  D  G  U  I
G  E  S  Y  M  P  A  T  I  D  S  H  V  B
O  O  X  H  L  P  D  K  Ä  R  L  E  K  J
I  N  N  E  H  Å  L  L  Z  G  A  T  Y  W
```

RÄDSLA	LUGN
GENERAD	SYMPATI
TACKSAM	ÖMHET
SORG	NÖJD
SALIGHET	ÖVERRASKNING
INNEHÅLL	LEDA
KÄRLEK	FRED
AVSLAPPNAD	GLÄDJE
UPPHETSAD	VÄNLIGHET
LÄTTNAD	ILSKA

16 - Vakantie #2

```
A V T R A N S P O R T U A U
D E S T I N A T I O N R K T
R E S E R V A T I O N E R L
E F R I T I D A P H R Y F Ä
S S T Ä L T J X V A U S L N
T H E Y D U N I N V S U Y N
A B H M C A M P I N G S G I
U B T L E O J A K F O O P N
R E S A R S V I S U M O L G
A Z A Z O Y T X Y F Z W A W
N R U U C A R E J T R C T U
G M T I Ö E K A R T A B S A
G C S T R A N D H O T E L L
U T L Ä N D S K Z N P O S Y
```

DESTINATION
UTLÄNNING
UTLÄNDSK
HOTELL
KARTA
CAMPING
FLYGPLATS
PASS
RESA
RESERVATIONER

RESTAURANG
STRAND
TAXI
TÄLT
SEMESTER
TRANSPORT
VISUM
FRITID
HAV

17 - Weersomstandigheden

```
R E G N B Å G E S V W C H D
T M I B O A F U K T I G B I
O R L Å S K A O S R O O S M
R K L I M A T Z B N R R M M
K L M C P W V X A J K T M A
A P Y O I S P J R L A E B T
F J G A L O O P R W N M F M
T R O M B N D M H M Z P X O
A A C H L D B Y H I M E L S
T R O P I S K P O L Ä R A F
V I N D X M O N S U N A A Ä
B U T Z T M M Z J V U T D R
B F H P O N P E L S D U R N
A P B E I W B C L C J R T O
```

ATMOSFÄR	POLÄRA
BLIXT	REGNBÅGE
ÅSKA	STORM
TORKA	TEMPERATUR
HIMMEL	TROMB
IS	TROPISK
KLIMAT	FUKTIG
DIMMA	VIND
MONSUN	MOLN
ORKAN	

18 - Strand

```
F P D K U S T D O C K A S S
P Z R R M S H L H R B T E E
I R S A N D A O A V X B M G
B Å T B L Å V N N G R K E E
S P N B K P V I D E U M S L
O A Z A D N G I D A I N T B
L R E V U N Y L U P L E E Å
I A Y A Y C T X K O R E R T
Y P X K R L S G E J R E R P
A L W Z Z K S Z M K X D H H
M Y S K A L I P I T K C R X
K L M W H D G V V E T X I Z
T Z E D Y R N K M D Z P R K
K L G W Y Ö V Y C F K K N Y
```

BLÅ
BÅT
DOCKA
HANDDUK
KRABBA
KUST
LAGUN
PARAPLY

REV
SANDALER
SKAL
SEMESTER
SAND
HAV
SEGELBÅT
SOL

19 - Eten #2

```
D X D H J P V V F U T I Ä Ä
D O M U L B X E F K O F G P
X P Y O G H U R T Z M V G P
M P S P A R R I S E A Z P L
M A N D E L R I S C T L L E
L P E A B R O C C O L I A B
Y Y A I Z O S T V W B B N A
F I S K Ä G G I X D B S T N
K Y C K L I N G K P R P A A
K U O J W H K B K A Ö U D N
I E Z N E N G Z W I D U V P
W J G Z F D Y G K Y I H P A
I S K I N K A N A N A S U Z
H I D L V M H W N B T O J U
```

MANDEL
ANANAS
ÄPPLE
SPARRIS
ÄGGPLANTA
BANAN
BROCCOLI
BRÖD
DRUVA
ÄGG

SKINKA
OST
KYCKLING
KIWI
PERSIKA
RIS
VETE
TOMAT
FISK
YOGHURT

20 - Klimmen

```
N T R Ä N I N G T G M E H T
Y K E Z I H K P C R I X P E
F H A N D S K A R O U P S R
I D T V S M T L R T T E R R
K M M A W A K S B T M R Ö Ä
E H O N F L V T W A A T V N
N Ö S D H X T A U Y N W L G
H J F R L J N B E F I K A V
E D Ä I K B Ä I D Y N G R C
T S R N U B C L C S G U D S
W B K G B C G I M I A I U G
I T A A B N Z T P S R D L Z
N K V U D W K E T K V E R Y
S N R M U A S T Y R K A G K
```

ATMOSFÄR	STÖVLAR
EXPERT	SKADA
FYSISK	NYFIKENHET
GUIDE	TRÄNING
GROTTA	SMAL
HANDSKAR	STABILITET
HJÄLM	TERRÄNG
HÖJD	UTMANINGAR
KARTA	VANDRING
STYRKA	

21 - Restaurant #1

```
I N G R E D I E N S E R W B
X C P Z Z R K R M S K Å L O
P P O T N W A L L E R G I K
K L K G H H S X X R N P G N
U H A K Ö K S S K V Z Y D I
H N F T J I Ö F E I M C I N
P F F X T S R W U T D K G G
M K E M M A T Y H R K C B D
N Z V N B B R Ö D I R N C W
E F T E R R Ä T T S Y S I N
K Ö T T Z T S L H V D Å B V
S E R V E T T U C V D S Y A
C P F C R I J X C F A X R G
K Y C K L I N G T X D P T O
```

ALLERGI	KNIV
PLATTA	KRYDDAD
BRÖD	BOKNING
INGREDIENSER	SÅS
KASSÖR	SERVITRIS
KÖK	SERVETT
KYCKLING	EFTERRÄTT
KAFFE	KÖTT
SKÅL	MAT
MENY	

22 - Geologie

```
L  S  G  E  J  S  E  R  Z  E  F  I  O  G
F  A  U  U  P  A  T  J  I  O  C  B  V  R
C  B  V  F  C  L  P  B  T  S  N  L  U  O
M  G  B  A  B  T  A  H  V  T  O  N  L  T
K  V  A  R  T  S  A  T  I  E  M  F  K  T
A  E  M  L  R  T  D  B  Å  N  M  O  A  A
L  R  D  S  D  A  L  A  G  E  R  S  N  D
C  O  S  M  Ä  L  T  U  E  C  L  S  L  P
I  S  O  P  R  A  M  C  D  F  M  I  U  Y
U  I  R  M  G  K  O  R  A  L  L  L  A  S
M  O  K  O  N  T  I  N  E  N  T  R  K  Y
S  N  X  K  R  I  S  T  A  L  L  E  R  R
Z  A  O  I  Y  T  W  O  T  S  I  R  E  A
R  A  U  J  O  R  D  B  Ä  V  N  I  N  G
```

JORDBÄVNING	KVARTS
KALCIUM	LAGER
KONTINENT	LAVA
EROSION	PLATÅ
FOSSIL	STALAKTIT
GEJSER	STEN
SMÄLT	VULKAN
GROTTA	ZON
KORALL	SALT
KRISTALLER	SYRA

23 - Specerijen

```
Z L B D B P X U J N Y V T K
C D K O R I A N D E R G M U
L R A S V I T L Ö K P N L M
Ö Z R P M E X T C U R R Y M
K S D E K A S R E S R Y L I
W A E P K A K F J R B S T N
H F M P M I F P N F L E O C
H F U A X U X Ä F C L J O F
Z R M R X M V A N I L J K P
X A M B Z I M U S K O T A K
F N A S A L T U Ö B Å B N N
I N G E F Ä R A T X K L E D
S U E G N B A N I S M Z L A
U T G O P A P R I K A W W Z
```

ANIS	PAPRIKA
BITTER	PEPPAR
INGEFÄRA	SAFFRAN
KANEL	SMAK
KARDEMUMMA	LÖK
CURRY	VANILJ
VITLÖK	FÄNKÅL
KUMMIN	SÖT
KORIANDER	SALT
MUSKOT	

24 - Groenten

```
F F A D L P R I Ä D Y E O S
U K O V D E Ä D G L K M H P
M L Y G I M D D G U A L N E
M G J B I I I C P L R S N N
C F H M R U S M L Ö K K G A
B O S A L L A D A T O M A T
B R O C C O L I N P U M P A
L S E L L E R I T G B I E M
M V P F I E V U A A Y S R O
G A H F A V Ä H G T M W S R
H M Y E B V F R O V A Z I O
P P A I M X V I T L Ö K L T
I N G E F Ä R A J A Y J J F
K R O N Ä R T S K O C K A G
```

KRONÄRTSKOCKA   PUMPA
ÄGGPLANTA   ROVA
BROCCOLI   RÄDISA
ÄRTA   SALLAD
INGEFÄRA   SELLERI
VITLÖK   SPENAT
GURKA   TOMAT
OLIV   LÖK
SVAMP   MOROT
PERSILJA

25 - Dans

```
V I S U E L L E V Z F K F K
X H V W S G E A Z H I L R O
N K Ä N S L A U K H Z A Y R
I Å N F U A I Z K Z D S T E
N H D Z L D K R O P P S M O
K O N S T B O A A C I I Z G
M P A R T N E R D F L S G R
U P U M K S H R X E M K U A
S A E O O Y Y M Ö T M S P F
I H Å L L N I N G R U I L I
K U L T U R S Y Z U E K Z D
C T R A D I T I O N E L L Z
C A X K U L T U R E L L S G
X H M R E P E T I T I O N E
```

AKADEMI
RÖRELSE
GLAD
KOREOGRAFI
KULTURELL
KULTUR
KÄNSLA
NÅD
HÅLLNING
KLASSISK

KONST
KROPP
MUSIK
PARTNER
REPETITION
RYTM
HOPPA
TRADITIONELL
VISUELL

26 - Sport

```
V I N N A R E O B X B U X D
V D K A T T T E A M A T X O
T R Ä N A R E H S R S M Y M
E O H R F B H A K F E Z C A
N T O V Ö O U R E C B G L R
N T C H U R H L T C O R Z E
I A K A P G E S P E L A R E
S R E W N G O L F C L E C X
P E Y B B O F F S E Y I V X
E Z I H L K A B U E S K G S
L G Y M N A S T I K M P E U
G Y M N A S I U M V X Z S L
M Ä S T E R S K A P P T K E
J S T A D I O N W P K T B F
```

IDROTTARE	MÄSTERSKAP
BASKET	DOMARE
RÖRELSE	SPEL
CYKEL	SPELARE
GOLF	STADION
GYMNASIUM	TEAM
GYMNASTIK	TENNIS
HOCKEY	TRÄNARE
BASEBOLL	VINNARE

27 - Mythologie

```
S Å S K A B S M L K S N H J
W V S B R A T O A R K Y J K
F A A K K B Y N B I A O Ä A
C R H R E T R S Y G P D L T
Y E Ä K T E K T R A A Ö T A
J L M U Y S A E I R N D I S
M S N L P P J R N E D L N T
H E D T F C N U T I E I N R
I J N U W X A R K A D G A O
M O Ä R A D J L G A Ö H Z F
M B M L B E T E E N D E A V
E V I H T W E U G S L T G E
L W P I L E G E N D I B A R
S W J T B L I X T S G E W T
```

ARKETYP
BLIXT
SKAPANDE
KULTUR
ÅSKA
LABYRINT
BETEENDE
HJÄLTE
HJÄLTINNA
HIMMEL

SVARTSJUKA
STYRKA
KRIGARE
LEGEND
MONSTER
ODÖDLIGHET
KATASTROF
DÖDLIG
VARELSE
HÄMND

28 - Eten #1

```
Z  B  J  O  R  D  N  Ö  T  M  K  X  Z  K
C  A  P  R  I  K  O  S  Y  T  J  R  V  O
V  S  H  S  C  R  S  B  O  O  O  Ö  I  R
C  I  T  R  O  N  A  V  K  N  E  J  L  N
V  L  T  R  M  B  L  P  Ö  F  M  U  K  K
V  I  S  L  V  I  L  Ä  T  I  S  I  P  B
J  K  S  Y  Ö  R  A  R  T  S  P  C  T  T
O  A  C  D  T  K  D  O  S  K  E  E  S  V
R  S  W  I  A  V  L  N  O  K  N  K  A  V
D  M  O  R  O  T  N  D  P  Y  A  A  L  Y
G  U  E  C  G  K  W  E  P  J  T  N  T  O
U  J  L  J  K  M  U  O  A  A  N  E  A  F
B  L  Ö  K  L  E  H  S  T  K  V  L  P  C
B  H  L  W  A  V  R  F  C  R  X  P  R  N
```

JORDGUBB	SALLAD
APRIKOS	JUICE
BASILIKA	SOPPA
CITRON	SPENAT
KORN	SOCKER
KANEL	TONFISK
VITLÖK	LÖK
MJÖLK	KÖTT
PÄRON	MOROT
JORDNÖT	SALT

29 - Avontuur

```
P  Z  V  X  U  T  M  A  N  I  N  G  A  R
N  A  T  U  R  E  S  O  R  X  S  J  C  V
F  Ö  L  V  Z  C  B  N  U  R  G  M  G  V
L  V  K  F  A  R  L  I  G  W  T  Z  O  E
D  E  S  T  I  N  A  T  I  O  N  C  B  D
S  R  Ä  E  O  A  U  T  F  L  Y  K  T  A
K  R  K  N  S  V  Å  R  I  G  H  E  T  K
Ö  A  E  T  V  I  K  F  S  W  I  L  L  T
N  S  R  U  Ä  G  L  Ä  D  J  E  P  P  I
H  K  H  S  N  E  C  U  J  P  I  O  V  V
E  A  E  I  N  R  H  H  N  Z  T  H  M  I
T  N  T  A  E  I  O  V  A  N  L  I  G  T
H  D  O  S  R  N  D  T  L  N  Y  E  J  E
Z  E  P  M  R  G  D  G  D  K  S  F  Z  T
```

AKTIVITET	NY
DESTINATION	OVANLIG
ENTUSIASM	RESOR
UTFLYKT	SKÖNHET
FARLIG	UTMANINGAR
CHANS	SÄKERHET
MOD	ÖVERRASKANDE
SVÅRIGHET	GLÄDJE
NATUR	VÄNNER
NAVIGERING	

30 - Circus

```
B L U D E C J U M S Y J B D
F U Y J B L D H A G O D I S
W R S U X O E E G N P O L B
W A W R D W F F I S P J J A
W U Y H G N D H A G G P E L
T R P A R A D P R N H W T L
Ä Å S K Å D A R E V T E T O
L E J O N K T T O M A I V N
T K Y V K Z O I M U S I K G
B M I C C I O S G J J G M E
W W D V H O A Y T E M A U R
A J O N G L Ö R M Y R D U K
P T R O L L K A R L M J U F
A A K R O B A T U S E R S B
```

APA	MAGI
AKROBAT	MUSIK
BALLONGER	ELEFANT
CLOWN	PARAD
DJUR	GODIS
TROLLKARL	TÄLT
JONGLÖR	TIGER
BILJETT	ÅSKÅDARE
KOSTYM	LURA
LEJON	

31 - Restaurant #2

```
W X A S J P V B Z Z X H S G
G D E L D S A L L A D M A R
M P L C D C T F D C D I L Ö
I S J Ä G G T F X T E D T N
Z O O G C M E I N E A D W S
D P R A K K N S T O L A X A
M P M F X L E K S W T G E K
F A P F P L U R J S N A N E
M O A E W H S N B A T V K R
N U D L A R M E C B K A K A
A X F R U K T M N H C Z J Z
M R H E Y K R Y D D O R O Y
M A J A E C S E R V I T Ö R
L L J G K S K E D N B S X H
```

KAKA
MIDDAG
DRYCK
ÄGG
FRUKT
GRÖNSAKER
LÄCKER
IS
SKED
LUNCH

NUDLAR
SERVITÖR
SALLAD
SOPPA
KRYDDOR
STOL
FISK
GAFFEL
VATTEN
SALT

32 - Bijen

```
V  I  N  G  A  R  B  F  R  U  K  T  I  D
D  Y  B  B  H  K  H  I  Ö  F  U  F  W  R
N  L  P  O  L  L  E  N  K  H  W  Y  E  O
I  N  Z  E  F  O  C  M  Y  U  F  K  K  T
N  M  M  A  T  V  M  N  U  S  P  J  O  T
S  C  O  Å  E  A  T  M  U  V  O  A  S  N
E  C  H  G  N  X  H  Z  A  Ä  L  K  Y  I
K  T  R  Ä  D  G  Å  R  D  R  L  P  S  N
T  U  S  B  R  S  F  O  V  M  I  O  T  G
B  L  O  M  M  O  R  A  D  T  N  E  E  F
L  Y  H  O  N  U  N  G  L  U  A  L  M  C
L  I  V  S  M  I  L  J  Ö  D  T  F  E  L
V  Ä  L  G  Ö  R  A  N  D  E  O  L  X  D
U  J  C  S  O  L  U  E  R  R  R  Y  W  I
```

POLLINATOR	DROTTNING
BIKUPA	RÖK
BLOMMOR	POLLEN
BLOMMA	TRÄDGÅRD
MÅNGFALD	VINGAR
EKOSYSTEM	MAT
FRUKT	VÄLGÖRANDE
LIVSMILJÖ	VAX
HONUNG	SOL
INSEKT	SVÄRM

33 - School #1

```
M  I  I  M  R  A  H  F  P  D  V  K  F  I
A  V  F  A  L  F  A  B  E  T  Ä  L  R  S
T  Z  C  P  S  Ä  B  F  N  E  N  A  Å  T
E  N  G  P  T  K  R  A  N  W  N  S  G  O
M  R  B  A  A  O  R  A  O  C  E  S  E  L
A  E  O  R  L  C  I  I  R  J  R  R  S  B
T  V  Z  L  S  V  A  R  V  E  K  U  P  I
I  N  F  B  I  T  C  B  D  B  E  M  O  B
K  H  C  Ö  G  G  I  Y  J  A  O  Y  R  L
J  H  Y  C  F  J  T  P  A  O  V  R  T  I
X  V  Y  K  M  A  R  K  Ö  R  E  R  D  O
Y  E  Y  E  L  U  N  C  H  O  R  S  K  T
O  W  X  R  E  X  A  M  E  N  A  W  T  E
P  A  P  P  E  R  P  E  N  N  A  W  Y  K
```

ALFABET	MAPPAR
SVAR	MARKÖRER
BIBLIOTEK	PAPPER
BÖCKER	PENNOR
SKRIVBORD	ROLIGT
TAL	PENNA
EXAMEN	FRÅGESPORT
KLASSRUM	STOL
LÄRARE	VÄNNER
LUNCH	MATEMATIK

34 - Wandelen

```
S T W R B T U N G M W V S B
N T E B F R D M T O K I O W
A I Ö E E Ö S C J X V L L T
T S O V W T D T B D L D A U
U O B E L T U D E K A R T A
R X C Y M A D J R N I R N M
K L I M A T R U G F A N M D
C A M P I N G R Z O Y R F M
P F Ö R B E R E D E L S E Y
V A T T E N R I S K E R L G
Z O R I E N T E R I N G C G
O P T K L I P P A H W I L A
F J H G E T O P P M Ö T E S
C I Y P Z R J F G U O W G B
```

BERG	NATUR
DJUR	ORIENTERING
RISKER	PARKER
KARTA	STENAR
CAMPING	TOPPMÖTE
KLIPPA	FÖRBEREDELSE
KLIMAT	VATTEN
STÖVLAR	VILD
TRÖTT	SOL
MYGG	TUNG

35 - Ecologie

```
M  Å  N  G  F  A  L  D  I  J  J  G  L  V
F  R  I  V  I  L  L  I  G  A  L  V  I  E
V  P  N  G  F  S  P  H  G  V  M  N  V  G
K  K  F  L  O  R  A  F  E  H  C  H  S  E
N  P  R  O  K  D  Ö  M  A  R  I  N  M  T
A  R  T  B  K  P  V  N  H  B  V  E  I  A
T  Z  O  A  V  V  E  A  Å  Ä  X  W  L  T
U  I  R  L  Ä  I  R  T  L  B  L  X  J  I
R  J  K  C  X  U  L  U  L  O  E  L  Ö  O
M  E  A  H  T  F  E  R  B  N  W  R  E  N
W  Ä  T  X  E  A  V  L  A  U  R  X  G  N
S  J  N  X  R  U  N  I  R  C  N  W  F  L
T  W  L  G  G  N  A  G  K  L  I  M  A  T
I  D  C  M  D  A  D  P  E  Y  K  Ä  R  R
```

BERG	MARIN
MÅNGFALD	KÄRR
TORKA	NATUR
HÅLLBAR	NATURLIG
FAUNA	ÖVERLEVNAD
FLORA	VÄXTER
SAMHÄLLEN	ART
GLOBAL	MÄNGD
LIVSMILJÖ	VEGETATION
KLIMAT	FRIVILLIGA

36 - Installaties

```
T  R  E  L  D  B  N  C  J  U  H  T  W  E
B  R  J  G  Z  B  U  S  K  E  J  Y  W  V
H  R  Ä  Ö  V  Ä  A  B  F  L  C  R  R  Y
J  P  W  D  E  R  M  Z  Z  U  N  I  U  V
Z  V  J  S  G  R  Ä  S  T  R  Ä  D  F  T
B  O  M  E  E  Å  M  I  J  Z  F  G  O  X
O  F  U  L  T  B  R  O  B  A  L  S  K  V
T  Z  R  Y  A  A  L  D  S  K  O  K  A  T
A  B  G  O  T  M  M  O  Y  S  R  O  K  J
N  Ö  R  T  I  B  O  A  M  Z  A  G  T  O
I  N  Ö  O  O  U  I  P  O  M  I  A  U  S
K  A  N  C  N  C  T  H  B  L  A  D  S  R
X  I  A  J  H  H  L  Ö  V  V  E  R  K  O
W  R  N  S  Z  J  X  R  T  B  N  F  C  T
```

BAMBU	GRÄS
BÄR	MURGRÖNA
BLAD	ÖRT
BLOMMA	GÖDSEL
TRÄD	MOSSA
BÖNA	BOTANIK
SKOG	BUSKE
KAKTUS	TRÄDGÅRD
FLORA	VEGETATION
LÖVVERK	ROT

37 - School #2

```
U  K  K  L  L  Ä  R  A  R  E  W  P  L  E
W  A  K  L  I  B  L  Ä  X  A  A  E  Z  I
M  L  P  U  T  B  I  L  D  N  I  N  G  O
A  E  R  G  T  G  P  B  F  F  H  N  D  L
T  N  Y  S  E  M  R  A  L  I  O  O  A  S
E  D  G  K  R  J  V  A  P  I  P  R  T  K
M  E  G  S  A  X  E  F  M  P  O  V  O  O
A  R  S  Z  T  I  T  P  I  M  E  T  R  R
T  P  Ä  S  U  P  E  N  N  A  A  R  E  F
I  P  C  K  R  O  N  E  B  B  U  T  L  K
K  E  K  J  H  I  S  K  X  L  U  K  I  P
B  U  S  S  V  A  K  A  D  E  M  I  S  K
O  R  D  B  O  K  A  A  B  M  S  E  P  F
O  T  D  B  U  U  P  H  E  L  G  E  R  O
```

AKADEMISK	PAPPER
BIBLIOTEK	PENNOR
BUSS	PENNA
DATOR	RYGGSÄCK
GRAMMATIK	SAX
LÄXA	SKOR
KALENDER	HELGER
LÄRARE	VETENSKAP
LITTERATUR	MATEMATIK
UTBILDNING	ORDBOK

38 - Oceaan

```
K X F J T X I C M N P N J S
O N V I Y I S V J F P L L K
R B S E S N D R L V M K K Ö
A E T D U K N V A L L I L L
L T O S T R O N A Y W G A D
L K R A B B A S O T V L S P
R C M K Å L E A F T T C T A
B F L A T N N L H K W E M D
C D E L F I N T V V S O N D
C R H G F B N E L Y H K B A
M A N E T O N F I S K A X V
Y C U R Ä K A G I R M J J B
B L Ä C K F I S K E A H M B
G Y G B H A R A S V A M P B
```

ÅL	BLÄCKFISK
ALGER	OSTRON
BÅT	REV
DELFIN	SKÖLDPADDA
RÄKA	SVAMP
TIDVATTEN	STORM
HAJ	TONFISK
KORALL	FISK
KRABBA	VAL
MANET	SALT

39 - Landen #2

```
U L Z B P W L A O S W Z V F
I G J S V N I G E R I A K R
N U A Z B A B D B S P F M A
D K S N Z M A L A Y S I A N
O R R S D R N I Y R A S H K
N A Y M F A O B S I I O I R
E I S E I J N E O E R M G I
S N S X T R N R Z N H A R K
I A L I H I L I U X J L E E
E Z A C J X O A Z W A I K F
N M N O R N Z P N E P A L D
O C D Z P J P E I D A R A Z
D A N M A R K R P E N F N F
K E N Y A G R M H P N K D K
```

DANMARK   LIBERIA
ETIOPIEN   MALAYSIA
FRANKRIKE   MEXICO
GREKLAND   NEPAL
IRLAND   NIGERIA
INDONESIEN   UGANDA
JAPAN   UKRAINA
KENYA   RYSSLAND
LAOS   SOMALIA
LIBANON   SYRIEN

40 - Bloemen

```
L A V E N D E L H V X N W B
P D T G G S M A S K R O S U
A Å P U D R J A S M I N Z K
S S S F S Z I B G E P A J E
S O Z K L E G L O N I T O T
I L H R L G N Y O O O U R T
O R G O K I R S Y J N L K L
N O A N J Y L S K E R P I U
F S R B X L R J K Ö O A D A
L S D L L I L J A K N N É F
O X E A K L Ö V E R Z A E R
W D N D X A P L U M E R I A
E H I B I S K U S V U J E S
R V A L L M O H I H F O C K
```

KRONBLAD
BUKETT
GARDENIA
HIBISKUS
JASMIN
KLÖVER
LAVENDEL
LILJA
LILA
TUSENSKÖNA

MAGNOLIA
PÅSKLILJA
ORKIDÉ
MASKROS
VALLMO
PASSIONFLOWER
PION
PLUMERIA
TULPAN
SOLROS

41 - Huisdieren

```
I  F  I  U  N  R  I  H  W  G  P  Y  K  H
S  B  P  C  N  F  E  A  C  V  E  A  A  U
M  X  K  K  L  O  R  T  E  A  M  T  T  B
G  A  O  P  A  P  E  G  O  J  A  E  T  N
E  G  O  V  E  T  E  R  I  N  Ä  R  U  I
B  O  H  A  M  S  T  E  R  I  H  U  N  D
J  J  E  L  R  V  N  L  T  K  P  M  G  G
S  Z  K  P  S  A  G  A  M  A  T  W  E  S
P  H  R  D  V  T  N  Y  U  N  S  R  B  F
H  H  A  P  A  T  P  T  S  I  X  S  F  R
H  C  G  F  N  E  T  G  C  N  S  U  A  R
G  X  E  I  S  N  B  Y  I  R  S  E  N  R
F  T  C  S  K  Ö  L  D  P  A  D  D  A  F
P  X  L  K  Ö  D  L  A  K  I  J  W  A  P
```

VETERINÄR	KRAGE
GET	MUS
ÖDLA	PAPEGOJA
HAMSTER	TASSAR
HUND	VALP
KATT	SKÖLDPADDA
KATTUNGE	SVANS
KLOR	FISK
KO	MAT
KANIN	VATTEN

42 - Landschappen

```
T  R  Ä  S  K  R  D  B  U  A  V  E  Y  J
V  I  O  F  U  G  D  N  E  D  F  P  Y  V
G  O  L  F  L  T  A  T  G  R  O  T  T  A
B  E  P  W  L  F  L  O  D  G  G  U  D  T
L  G  J  Z  E  U  J  M  P  T  M  N  K  T
O  O  Y  S  I  V  E  T  D  K  Y  D  Z  E
H  S  P  W  E  L  S  A  V  J  D  R  I  N
D  A  N  R  H  R  G  O  O  A  S  A  Z  F
Z  G  L  U  Ö  I  L  G  D  T  T  V  M  A
J  X  R  V  J  S  A  Z  S  Y  R  U  F  L
O  Z  D  F  Ö  B  C  T  J  K  A  L  W  L
V  I  C  H  K  E  I  V  Ö  N  N  K  O  Z
E  G  G  A  E  R  Ä  L  N  M  D  A  V  T
E  H  G  V  N  G  R  R  K  E  U  N  I  M
```

BERG	FLOD
GEJSER	HALVÖ
GLACIÄR	STRAND
GOLF	TUNDRA
GROTTA	DAL
KULLE	VULKAN
ISBERG	VATTENFALL
SJÖ	ÖKEN
TRÄSK	HAV
OAS	

43 - Tuin

```
D B N R I H U C K L T H S Y
B A H V B L O M M A R Ä L X
Ä I T E R R A S S X Ä N A D
N G T R Ä D G Å R D D G N A
K A R A G S D E G M A M G M
O R A N E R T K U V Y A M M
G A M D I A Ä A B G Z T O O
L G P A W B U S K O G T N B
A E O G R Ä S R M E V A E U
P P L Y U R V E Ä A T R U S
J V I N H M L W S F T H U K
Z L N E S D T G R Ä S T N E
S K Y F F E L E S H S A A D
F R U K T T R Ä D G Å R D S
```

BÄNK
BLOMMA
TRÄD
FRUKTTRÄDGÅRD
GARAGE
GRÄSMATTA
GRÄS
HÄNGMATTA
RÄFSA
STAKET

OGRÄS
SKYFFEL
SLANG
BUSKE
TERRASS
TRAMPOLIN
TRÄDGÅRD
VERANDA
DAMM
VIN

44 - Katten

```
T R C C I S G I P B F G P O
E T G E V H G F V W T A E G
V I L D M R L R B O Y L R F
V V H E G C E Y U A O E S G
G T O B E R O E N D E N O Y
T A S S L Z P P J H P H N G
J T R N X Z L Y Z G S K L O
L Ä U N A F K F E U Y M I R
E H G P Ä L S U I V L M G O
K S G A O I N Ö B L Y G H L
F V J T R T A P M A N C E I
U A L O G E B U U N S P T G
L N D A X N B S S E F T M S
L S M I N Y F I K E N D X E
```

PÄLS	OBEROENDE
GARN	PERSONLIGHET
GALEN	TASS
ROLIG	SÖMN
JÄGARE	SNABB
KLO	LEKFULL
LITEN	SVANS
MUS	BLYG
NYFIKEN	VILD

45 - Beroepen #2

```
B I B L I O T E K A R I E B
A S T R O N A U T K D S Y I
L Z D E T E K T I V V B K O
J F V N W A U N U V Z B I L
L O O B K I N G E N J Ö R O
Ä N U R B O N D E U P A U G
R N T R S D M Å L A R E R T
A J T O N K K C H Ä T I G C
R F H P R A A Z L Ä K A R E
E P I L O T L R A J Z A D U
F I L O S O F I E P J T R Y
X R L I N G V I S T T C Z E
F O T O G R A F B T H E O I
U G F I L L U S T R A T Ö R
```

LÄKARE
ASTRONAUT
BIBLIOTEKARIE
BIOLOG
BONDE
KIRURG
DETEKTIV
FILOSOF
FOTOGRAF

ILLUSTRATÖR
INGENJÖR
JOURNALIST
LÄRARE
LINGVIST
FORSKARE
PILOT
MÅLARE
TANDLÄKARE

46 - Dagen en Maanden

```
Z  V  S  T  P  I  L  H  X  F  I  P  K  N
N  O  V  E  M  B  E  R  Y  K  X  I  X  T
J  K  D  V  P  M  Å  N  D  A  G  P  D  O
F  T  L  U  G  T  A  U  G  U  S  T  I  S
K  O  K  D  F  H  E  V  S  M  V  S  C  L
A  B  T  F  E  B  P  M  Å  N  A  D  F  Ö
L  E  T  O  B  C  U  J  B  B  N  O  Å  R
E  R  I  F  R  E  D  A  G  E  J  J  Y  D
N  L  S  C  U  S  L  N  G  B  R  U  M  A
D  J  D  U  A  D  D  U  D  H  A  L  N  G
E  B  A  G  R  K  T  A  U  S  E  I  M  I
R  O  G  B  I  D  F  R  G  V  E  C  K  A
O  N  S  D  A  G  H  I  M  A  R  S  A  V
D  T  J  T  C  X  Y  S  Ö  N  D  A  G  J
```

AUGUSTI	MÅNDAG
TISDAG	MARS
TORSDAG	NOVEMBER
FEBRUARI	OKTOBER
ÅR	SEPTEMBER
JANUARI	FREDAG
JULI	VECKA
JUNI	ONSDAG
KALENDER	LÖRDAG
MÅNAD	SÖNDAG

47 - Beeldende Kunsten

```
P O R T R Ä T T F M F U F M
J O T J M K W V O Ä G I V N
V A X W Å B Y F T S O G L O
H K R S L V L E O T Z Z E M
X O P K N L F H G E T B R P
F N I U I M N W R R R S A E
K S O L N T K S A V Ä T G R
R T F P G P E W F E K E N S
I N M T M K E K I R O N D P
T Ä K U P R G N T K L C F E
A R X R L A C K N U W I F K
S T A F F L I W T A R L O T
K R E A T I V I T E T U E I
N N P L K E R A M I K B S V
```

ARKITEKTUR	KRITA
KONSTNÄR	MÄSTERVERK
SKULPTUR	PERSPEKTIV
KREATIVITET	PORTRÄTT
STAFFLI	PENNA
FILM	MÅLNING
FOTOGRAFI	STENCIL
TRÄKOL	LACK
KERAMIK	VAX
LERA	

48 - Menselijk Lichaam

```
B R T O C K Y T V M M K H S
H E U Z P W R O W H U V U D
J P N M H J Ä R T A X E L T
Ä Ö G A U K Ä K E L C F C I
R R A G D N Ä S A S R Y T W
N A B E F Ä T H F O T L E D
A R N G I F A A A O A Y S E
J M G A N I Y K W N B L O D
L B K W G N O A I P D A J Y
X Å H T E S W A E F V B K Z
Z G S Z R S V J F L C R P V
U E X T S Z Z A G Y T Z D O
W E B V N Z E Y B I N R E Z
S N K F N I Z O I Y L B E L
```

BEN	HAKA
BLOD	KNÄ
ARMBÅGE	MAGE
FOTLED	MUN
HAND	HALS
HJÄRTA	NÄSA
HJÄRNA	ÖRA
HUVUD	AXEL
HUD	TUNGA
KÄKE	FINGER

49 - Familie

```
P  H  F  Ö  R  F  A  D  E  R  B  G  F  T
U  G  X  R  F  A  R  F  A  R  A  G  H  M
S  Y  S  T  E  R  V  U  X  A  R  I  P  Y
L  N  X  G  T  V  I  L  L  I  N  G  A  R
I  R  X  F  A  R  B  R  O  R  E  A  D  K
M  T  J  M  A  K  E  B  R  O  R  S  O  N
J  O  X  O  Z  D  U  R  S  O  O  M  T  T
K  U  R  R  P  K  E  O  R  P  C  O  T  B
U  C  X  M  Z  K  B  R  S  H  Z  S  E  A
K  Z  P  Z  O  O  X  O  L  P  O  T  R  R
J  B  F  P  P  R  C  E  P  I  E  E  U  N
S  Y  S  K  O  N  B  A  R  N  G  R  X  D
B  A  R  N  B  A  R  N  A  U  Z  U  V  O
A  W  V  I  A  A  V  N  A  J  F  G  U  M
```

BROR	FARBROR
DOTTER	FARFAR
MORMOR	MOSTER
BARNDOM	TVILLINGAR
BARN	FAR
BARNBARN	FADERLIG
MAKE	FÖRFADER
MOR	FRU
BRORSON	SYSTER
SYSKONBARN	

50 - Gebouwen

```
C  X  S  N  Z  H  A  M  U  S  E  U  M  U
V  P  L  C  S  O  M  A  T  A  F  F  Ä  R
O  E  E  Z  E  T  B  U  L  M  M  L  I  R
I  U  S  A  W  E  A  F  A  B  R  I  K  R
H  T  K  N  S  L  S  D  O  I  G  Å  R  D
C  T  O  R  N  L  S  V  I  O  O  N  T  S
S  B  L  I  U  Y  A  Z  B  O  H  B  V  L
S  L  A  A  O  R  D  C  N  V  N  H  O  B
J  T  O  N  W  L  Ä  G  E  N  H  E  T  N
B  E  U  T  S  J  U  K  H  U  S  C  E  B
W  Z  A  G  T  I  U  B  T  F  V  X  A  E
D  R  P  M  A  O  U  H  M  T  Ä  L  T  Z
L  A  B  O  R  A  T  O  R  I  U  M  E  P
G  K  B  W  B  L  A  D  A  P  V  B  R  J
```

AMBASSAD	MUSEUM
LÄGENHET	SKOLA
BIO	LADA
GÅRD	STADION
STUGA	MATAFFÄR
FABRIK	TÄLT
HOTELL	TEATER
SLOTT	TORN
LABORATORIUM	SJUKHUS

51 - Kunst

```
S  U  R  R  E  A  L  I  S  M  K  X  Z  S
Ä  R  L  I  G  N  V  U  T  T  R  Y  C  K
W  N  N  X  I  P  K  K  C  H  X  S  R  U
M  I  N  S  P  I  R  E  R  A  D  K  L  L
Ä  M  N  E  U  S  C  S  L  F  W  A  P  P
H  B  E  N  Y  U  P  K  H  Z  P  O  T
A  U  K  E  R  A  M  I  K  I  J  A  E  U
K  O  M  P  L  E  X  V  I  V  L  C  S  R
F  U  F  Ö  F  I  G  U  R  Z  K  D  I  W
T  U  P  E  R  S  O  N  L  I  G  Y  R  O
M  Å  L  N  I  N  G  A  R  M  N  V  I  A
O  R  I  G  I  N  A  L  A  L  P  Z  T  I
B  U  K  D  S  Y  M  B  O  L  W  H  L  N
K  D  P  V  I  S  U  E  L  L  J  C  A  K
```

SKULPTUR	ORIGINAL
KOMPLEX	PERSONLIG
SKAPA	POESI
ENKEL	SKILDRA
ÄRLIG	MÅLNINGAR
FIGUR	SURREALISM
INSPIRERAD	SYMBOL
HUMÖR	UTTRYCK
KERAMIK	VISUELL
ÄMNE	

52 - Beroepen #1

```
A P O T E K A R E J P A L S
R Ö R M O K A R E G Z U Ä A
J U V E L E R A R E W R K D
W R E D A K T Ö R C U T A V
K P T A P M B A N K I R R O
G S E N P X B O M K W A E K
C Y R S J Ä G A R E G S U A
C K I A X S M U S I K E R T
G O N R M Y F O R S K A R E
E L Ä E I D R O T T A R E O
O O R A S T R O N O M D H B
L G P I A N I S T C F N Ö H
O G M F K A R T O G R A F R
G S J U K S K Ö T E R S K A
```

ADVOKAT	REDAKTÖR
AMBASSADÖR	GEOLOG
APOTEKARE	JÄGARE
ASTRONOM	JUVELERARE
IDROTTARE	RÖRMOKARE
BANKIR	MUSIKER
KARTOGRAF	PIANIST
DANSARE	PSYKOLOG
VETERINÄR	SJUKSKÖTERSKA
LÄKARE	FORSKARE

53 - Kastelen

```
J  B  V  I  Z  P  F  C  P  C  V  Ä  G  G
E  I  Y  R  W  G  R  E  N  A  Y  D  K  P
D  Y  N  A  S  T  I  I  O  D  D  E  R  R
B  Z  S  O  G  K  R  M  N  D  T  L  O  I
E  N  H  Ö  R  N  I  N  G  S  A  C  N  N
H  S  R  W  U  J  K  X  T  U  E  L  A  S
P  K  L  H  S  V  E  B  W  C  Y  S  Z  G
A  Ö  K  A  T  A  P  U  L  T  F  J  S  L
L  L  F  Ä  N  G  E  L  S  E  H  Å  L  A
A  D  I  P  I  R  K  D  K  Z  Ä  S  S  T
T  V  Z  J  N  K  L  I  R  K  S  O  V  O
S  I  V  F  G  X  S  J  D  A  T  J  Ä  X
R  I  D  D  A  R  E  S  G  A  K  L  R  P
U  M  F  W  Y  T  O  R  N  A  N  E  D  Z
```

DRAKE	VÄGG
DYNASTI	HÄST
ÄDEL	PALATS
ENHÖRNING	PRINS
FEODAL	PRINSESSA
RUSTNING	RIDDARE
KATAPULT	SKÖLD
FÄNGELSEHÅLA	TORN
RIKE	SVÄRD
KRONA	

54 - Insecten

```
X U S B M Y R A M A S K N T
V J Z Z Ö H V E B W I A Z W
C B S T X N C T B B I C N L
N X N E D O S O Z A S K C D
F J Ä R I L B Y D E B E R H
S J O M P I L A R V F R G U
E K I I W W A F B S X L B C
L Z A T U T D S K I A A G I
T R O L L S L Ä N D A C E K
F G Y O B K U T P J J K T A
V N V P O A S F W Y U A I D
E K Z P M Y G G A A V N N A
U U M A M B S G M A L S G J
I I N P B Å L G E T I N G T
```

BÖNSYRSA	MYRA
BI	MAL
BLADLUS	MYGGA
CIKADA	TERMIT
BÅLGETING	FJÄRIL
KACKERLACKA	LOPPA
SKALBAGGE	GETING
LARV	MASK
TROLLSLÄNDA	

55 - Antarctica

```
M N Y P O K G E O G R A F I
G I M T D F O R S K A R E V
T O G T K S B N N Z X B C C
E Y N R U E I I T P Z H A N
M X P Y A Y T A M I L J Ö G
P H P V A T T E N N N F I A
E Z R E W X I X T G J E Z M
R V I K D O J O P V X N N S
A M O L N I G W N I K H T T
T L M N F S T H O N Ö A R E
U R V V R B W I R E C L S N
R E P G G W N A O R G V W I
M I N E R A L E R N V Ö C G
V E T E N S K A P L I G F A
```

VIK	FORSKARE
KONTINENT	PINGVINER
ÖAR	STENIG
EXPEDITION	HALVÖ
GEOGRAFI	TEMPERATUR
IS	VATTEN
MIGRATION	VETENSKAPLIG
MINERALER	MOLN
MILJÖ	

56 - Ballet

```
U Z F O R K E S T E R R K H
G T K O M P O S I T Ö R O V
R E T G E C T D A N S A R E
A K B R Y T M U S I K A E K
C N G W Y U U O B L G P O O
I I O E R C S Y R J O P G N
Ö K J Y S C K D G P K L R S
S Z E P J T L S J S R Å A T
R O E I P W E Ö F M V D F N
D I X G T M R F V U I E I Ä
P U B L I K S L U A L R T R
R E P E T I T I O N V L Y L
I N T E N S I T E T S E F I
W Y E V B A L L E R I N A G
```

APPLÅDER
KONSTNÄRLIG
BALLERINA
KOREOGRAFI
KOMPOSITÖR
DANSARE
UTTRYCKSFULL
GEST
INTENSITET
MUSIK

ORKESTER
ÖVA
PUBLIK
REPETITION
RYTM
GRACIÖS
MUSKLER
STIL
TEKNIK

57 - Vissen

```
V A T T E N K B S Z P U N J
I P A B R B P V Ä K N T S A
K O C K H Å N Y S Y Y V T S
T L Z G K V D K O T W G R Ö
U B B M J T D Y N A X H A V
V T G H A R N Z G V A E N E
U V H P L Y Z B V W F J D R
Y P P L O B Å T Å L A M O D
K F L O D C G X F B W X K R
O Ä G Ä L A R A H E C K G I
R N K S U T Y W V T N R A F
G H E E S J Ö W K E V O S T
U T R U S T N I N G E K R X
X D N H V L U S L O I C Z I
```

BETE
UTRUSTNING
BÅT
TRÅD
TÅLAMOD
VIKT
KROK
KÄKE
GÄLAR
KOCK

KORG
SJÖ
HAV
ÖVERDRIFT
FLOD
SÄSONG
STRAND
FENOR
VATTEN

58 - Fruit

```
H  S  M  R  H  P  H  A  L  L  O  N  N  V
P  L  O  M  M  O  N  V  O  V  F  S  E  J
B  P  F  S  Y  O  O  O  K  G  S  K  Z
S  J  B  E  Y  U  P  K  J  M  D  S  T  M
F  K  G  B  I  U  P  A  P  A  Y  A  A  E
A  P  C  P  I  X  K  D  B  N  A  D  R  C
A  P  R  I  K  O  S  O  G  G  P  R  I  K
A  B  Ä  R  O  C  X  M  J  O  E  U  N  Ö
B  N  T  R  K  W  I  P  X  O  L  V  F  R
A  Z  A  X  O  N  Ä  T  C  U  S  A  E  S
N  I  A  N  S  N  P  E  R  S  I  K  A  B
A  A  H  R  A  T  P  F  W  O  N  I  U  Ä
N  N  E  B  E  S  L  S  U  V  N  W  E  R
D  Z  Y  C  X  M  E  L  O  N  E  I  F  B
```

APRIKOS	KIWI
ANANAS	KOKOS
ÄPPLE	MANGO
AVOKADO	MELON
BANAN	NEKTARIN
BÄR	APELSIN
CITRON	PAPAYA
DRUVA	PÄRON
HALLON	PERSIKA
KÖRSBÄR	PLOMMON

59 - Literatuur

```
I  F  P  M  U  T  R  A  G  E  D  I  A  F
M  L  W  O  G  H  I  M  A  G  Y  A  N  Ö
K  V  G  J  E  A  N  E  K  D  O  T  A  R
A  Z  Å  O  F  T  X  H  Z  U  T  K  L  F
D  X  S  T  I  L  I  H  B  V  F  R  Y  A
Y  D  I  A  L  O  G  S  Z  G  R  I  S  T
R  A  K  T  E  M  A  N  K  N  H  M  N  T
Y  O  T  J  Ä  M  F  Ö  R  E  L  S  E  A
T  C  M  K  O  O  E  A  V  S  H  R  T  R
M  A  N  A  A  G  P  T  N  X  X  P  W  E
C  O  M  E  N  C  A  N  A  L  O  G  I  D
S  L  U  T  S  A  T  S  T  F  I  O  W  I
B  E  R  Ä  T  T  A  R  E  J  O  F  S  K
B  I  O  G  R  A  F  I  C  E  S  R  G  T
```

ANALOGI	POETISK
ANALYS	RIM
ANEKDOT	RYTM
FÖRFATTARE	ROMAN
BIOGRAFI	STIL
SLUTSATS	TEMA
DIALOG	TRAGEDI
DIKT	JÄMFÖRELSE
ÅSIKT	BERÄTTARE
METAFOR	

60 - Technologie

```
T E C K E N S N I T T U B M
O F O R S K N I N G K V L C
R U Y X Ä M A R K Ö R P O B
V F D O K K V M S U J R G V
A U I L E H I H S K D O G I
I O G K R G R V T U Ä G D R
D N I A H V U D A T O R O T
F C T M E S S M T Z S A M U
S I A E T D F U I N V M O E
Z A L R R L Z O S Y S V O L
D A T A R N B Y T E Z A F L
M U E C O K E F I C N R L Y
Y A R T J C E T K G W A C P
M E D D E L A N D E B S O O
```

MEDDELANDE	INTERNET
FIL	TECKENSNITT
BLOGG	FORSKNING
BYTE	SKÄRM
KAMERA	PROGRAMVARA
DATOR	STATISTIK
MARKÖR	SÄKERHET
DIGITAL	VIRTUELL
DATA	VIRUS

61 - Boeken

```
H U M O R I S T I S K S H V
C P F R Y S A D B K F A I Y
V O O K K S D N R R A M S U
R E L E V A N T V I N L T S
F S I B Y D R K I V V I O I
Ö I T E C T U A R S C N R D
R E T R I L N A K O N G I A
F P E Ä N F B V L T M N S S
A I R T J G P W Ä I Ä A K K
T S Ä T R A G I S K T R N O
T K R E D I K T A F Z E L A
A K R L R M T B R U N D T M
R J M S Y C D W E D U N R X
E N A E Y C Ä V E N T Y R G
```

FÖRFATTARE
ÄVENTYR
SIDA
SAMLING
DUALITET
EPISK
DIKT
SKRIVS
HISTORISK

HUMORISTISK
KARAKTÄR
LÄSARE
LITTERÄR
POESI
RELEVANT
ROMAN
TRAGISK
BERÄTTELSE

62 - Meer Informatie

```
C  V  F  S  O  T  A  P  R  D  R  J  E  F
O  G  S  N  N  E  S  L  O  Y  E  J  X  A
S  H  F  J  Y  K  Z  A  B  S  A  F  P  N
O  C  N  C  G  N  G  N  O  T  L  J  L  T
S  B  E  I  A  I  D  E  T  O  I  T  O  A
S  I  L  N  L  K  Y  T  A  P  S  G  S  S
U  T  D  E  A  H  C  E  R  I  T  U  I  T
F  E  M  W  X  R  J  W  Z  B  I  O  O  I
U  K  M  Y  S  T  I  S  K  T  S  L  N  S
T  R  O  G  E  N  R  O  R  A  K  E  L  K
O  V  Ä  R  L  D  B  E  V  O  J  B  Y  Z
P  E  B  Ö  C  K  E  R  M  X  E  M  S  E
I  M  A  G  I  N  Ä  R  P  W  E  H  I  Y
N  I  L  L  U  S  I  O  N  T  H  L  I  W
```

BIO	MYSTISK
BÖCKER	ORAKEL
ELD	PLANET
IMAGINÄR	REALISTISK
DYSTOPI	ROBOTAR
EXPLOSION	SCENARIO
EXTREM	GALAX
FANTASTISK	TEKNIK
TROGEN	UTOPI
ILLUSION	VÄRLD

63 - Regenwoud

```
B E V A R A N D E J N H X T
F C Ö V E R L E V N A D C I
W Z A Ä C M P D D J B R A L
F M P R Z T Y B U Z O E M L
Y Å P D J U N G E L T S F F
I N H E M S K L I M A T I L
N G A F M O L N R F N A B Y
S F R U R E S S G Å I U I K
E A T L D E W S K G S R E T
K L J L N S S Z A L K E R Z
T D N D O A P P M A A R R E
E W O D X Z T T E R G I A Y
R U K D D Z C U U K K N G D
D Ä G G D J U R R H T G C C
```

AMFIBIER	ÖVERLEVNAD
BEVARANDE	RESPEKT
BOTANISK	RESTAURERING
MÅNGFALD	ART
INHEMSK	TILLFLYKT
INSEKTER	FÅGLAR
DJUNGEL	VÄRDEFULL
KLIMAT	MOLN
MOSSA	DÄGGDJUR
NATUR	

64 - Haartypes

```
S  V  V  I  A  H  F  V  T  D  I  F  O  J
V  I  M  K  Z  L  K  L  O  D  D  Y  F  G
A  G  M  J  C  O  J  V  R  H  Z  W  R  M
R  V  P  P  U  C  F  I  R  T  U  N  N  Z
T  Å  M  B  A  K  B  T  K  L  U  J  V  S
S  G  R  V  B  I  S  K  A  L  L  I  G  K
V  I  L  Å  N  G  T  D  R  D  X  R  L  A
B  G  L  F  J  T  J  O  X  J  O  I  C  L
L  S  B  V  M  R  O  N  F  H  T  L  N  P
O  F  X  R  E  E  C  F  L  Ä  T  A  D  O
N  L  E  U  T  R  K  K  A  B  R  U  N  M
D  N  H  Z  G  X  B  O  A  E  H  G  R  Å
F  R  I  S  K  A  X  R  L  O  C  K  A  R
M  Z  Z  G  C  K  Y  T  A  O  E  T  Y  D
```

BLOND	SKALP
BRUN	SKALLIG
TJOCK	KORT
TORR	LOCKAR
TUNN	LOCKIGT
FÄRGAD	LÅNG
FLÄTAD	VIT
FRISKA	MJUK
VÅGIG	SILVER
GRÅ	SVART

65 - Gereedschap Voor het Kok

```
T  L  H  G  P  D  J  T  P  Z  M  J  R  I
W  S  E  O  I  K  U  E  F  L  R  F  J  L
H  C  B  J  B  M  I  R  J  C  Y  W  D  H
G  A  F  F  E  L  C  M  K  M  Y  Y  W  L
U  G  N  J  S  C  E  O  C  S  K  E  D  O
S  P  I  S  T  K  P  M  B  P  L  P  G  C
S  A  R  W  I  G  R  E  E  A  B  A  O  K
B  I  X  M  C  A  E  T  T  N  W  G  K
A  I  L  L  K  S  S  E  L  E  S  R  D  Y
I  R  K  Y  Y  C  S  R  T  L  Y  G  V  L
K  N  I  V  S  R  I  V  J  Ä  R  N  A  S
M  V  A  T  T  E  N  K  O  K  A  R  E  K
B  R  Ö  D  R  O  S  T  T  U  B  P  K  Å
A  H  V  B  D  G  Z  Y  Y  U  K  L  F  P
```

BESTICK	RIVJÄRN
BRÖDROST	JUICEPRESS
LOCK	SAX
SPIS	SPATEL
VATTENKOKARE	TERMOMETER
KYLSKÅP	DURKSLAG
SKED	GAFFEL
KNIV	SIL
UGN	

66 - Stad

```
B  M  F  U  N  I  V  E  R  S  I  T  E  T
O  A  T  L  T  E  A  T  E  R  V  A  K  V
K  R  G  Y  Y  B  G  O  I  L  J  M  P  M
H  K  D  E  T  G  B  O  N  N  D  X  J  A
A  N  G  R  R  N  P  C  C  Z  V  X  U  T
N  A  A  E  B  I  B  L  I  O  T  E  K  A
D  D  L  S  I  H  Y  A  A  O  S  H  L  F
E  S  L  T  O  B  F  E  P  T  P  O  I  F
L  T  E  A  U  B  O  M  O  I  S  T  N  Ä
H  A  R  U  F  P  N  R  T  I  J  E  I  R
Y  D  I  R  F  J  O  E  E  X  C  L  K  G
L  I  O  A  B  A  N  K  K  Z  J  L  U  F
C  O  C  N  F  V  F  M  U  S  E  U  M  J
P  N  J  G  S  K  O  L  A  L  A  G  R  A
```

APOTEK	FLYGPLATS
BAGERI	MARKNAD
BANK	MUSEUM
BIBLIOTEK	RESTAURANG
BIO	SKOLA
BOKHANDEL	STADION
ZOO	MATAFFÄR
GALLERI	TEATER
HOTELL	UNIVERSITET
KLINIK	LAGRA

67 - Natuur

```
L  S  F  R  I  S  T  A  D  V  R  U  T  T
R  U  K  S  Y  C  E  R  O  S  I  O  N  R
H  K  G  Ö  K  E  N  S  H  P  M  B  H  O
G  L  M  N  N  Y  G  A  P  R  H  O  Z  P
L  I  O  M  N  H  V  R  D  I  M  M  A  I
A  P  L  C  A  B  E  K  Y  S  I  X  X  S
C  P  N  C  M  I  F  T  N  F  G  G  X  K
I  O  W  O  M  N  W  I  A  K  I  F  G  C
Ä  R  F  B  J  F  J  S  M  C  N  H  E  I
R  V  R  Y  V  S  P  K  I  T  S  L  J  C
K  I  B  K  K  R  D  N  S  L  E  K  O  Y
V  L  J  S  K  Y  D  D  K  J  F  L  O  D
W  D  J  U  R  G  L  Ö  V  V  E  R  K  G
A  V  G  Ö  R  A  N  D  E  X  N  C  I  W
```

ARKTISK	DIMMA
BIN	FLOD
SKOG	SKÖNHET
DJUR	SKYDD
DYNAMISK	LUGN
EROSION	TROPISK
LÖVVERK	AVGÖRANDE
GLACIÄR	VILD
FRISTAD	ÖKEN
KLIPPOR	MOLN

68 - Dinosaurussen

```
S R E P T I L O J S H N N V
T O F A V I N G A R V X L V
O V Ö R O V F Å G E L A O L
R D R T N Z Ö E B V N P N Z
L J H R D R R H J O A O K S
E U I J F O S S I L N L R F
K R S M Z L V R I U I E A M
J R T Z G F I S S T O R F O
P O O C F A N B S I H W T T
W B R G P A N E W O T K F P
X J I D T E A E N K L U R
H M S M B N N L T E I A L A
O I K L V Z D W A O T A L R
M A M M U T E B Y T E U P M
```

JORD	FÖRHISTORISK
ROVDJUR	BYTE
ENORM	REPTIL
EVOLUTION	ROVFÅGEL
FOSSIL	ART
STOR	SVANS
STORLEK	FÖRSVINNANDE
KRAFTFULL	OND
MAMMUT	VINGAR

69 - Zoogdieren

```
K Y X U M T T R F Y D V C U
V D C F L E N U C K E B V P
J B Ä V E R V B R N L S N R
Å E X Y J J K A T T F T S Ä
G S N E O B Y Y L A I V H R
K A N I N K A M E L N Z Y I
Ä S D A R G G O R I L L A E
N A B S E L E F A N T D K V
G W E L T F L T J U R Ä V A
U G I R A F F V B A P A X R
R C B M N T K A W U C A H G
U L Z P A D B R O O X U Ä I
H U N D P H C G P B T N S J
C F K V A O H E D U D S T F
```

APA	KÄNGURU
BÄVER	KATT
PRÄRIEVARG	KANIN
DELFIN	LEJON
ÅSNA	ELEFANT
GET	HÄST
GIRAFF	TJUR
GORILLA	RÄV
HUND	VAL
KAMEL	VARG

70 - 1 Jaar Geleden

```
G  O  R  R  B  D  D  Y  X  Z  W  H  V  S
E  B  R  A  V  G  Ö  R  A  N  D  E  L  S
N  E  D  E  L  P  Å  L  I  T  L  I  G  Ä
E  R  P  A  S  S  I  O  N  E  R  A  D  K
R  O  R  K  P  R  A  K  T  I  S  K  C  E
Ö  E  R  O  L  I  G  W  E  H  O  C  H  R
S  N  N  M  F  O  J  B  L  Y  G  S  A  M
J  D  O  N  V  Y  K  K  L  H  N  T  R  S
P  E  B  B  N  P  A  T  I  E  N  T  M  P
H  J  Ä  L  P  S  A  M  G  E  H  T  I  A
M  N  Y  F  I  K  E  N  E  W  E  S  G  V
Z  A  J  I  P  P  Z  I  N  X  W  U  O  H
L  A  Z  E  F  F  E  K  T  I  V  W  U  H
T  E  D  K  O  N  S  T  N  Ä  R  L  I  G
```

KONSTNÄRLIG	GENERÖS
HJÄLPSAM	INTELLIGENT
BLYGSAM	NYFIKEN
AVGÖRANDE	OBEROENDE
PÅLITLIG	PATIENT
CHARMIG	PRAKTISK
EFFEKTIV	REN
PASSIONERAD	KLOK
BRA	SÄKER
ROLIG	

71 - Kampioenschap

```
M L M S S T R A T E G I T D
O I E E P H R M V G D T U Y
T G D G E U B Ä G V U E R P
I A A E L G E S N H V O N R
V G L R J F D T R A V A E E
E T J T Z V Ö A G A R U R S
R R P S E F M R J U K E I T
I C E V P A A E V O A U N A
N U O E Z O M E S T T Y G N
G P I T B X R Z D U H G E D
E I K T K N K T D K N N C A
W F F B U F I N A L I S T F
M Ä S T E R S K A P G T X P
K P T H M L J U M E J O Z S
```

FINALIST
SPEL
MÄSTARE
MÄSTERSKAP
LIGA
MEDALJ
MOTIVERING
PRESTANDA

BEDÖMA
SPORT
STRATEGI
TEAM
TURNERING
TRÄNARE
SVETT
SEGER

72 - Exploratie

```
S  L  V  S  K  U  L  T  U  R  E  R  M  G
P  H  I  D  B  H  W  E  A  I  G  N  P  A
Ä  T  L  B  K  E  C  R  M  S  M  P  E  K
N  D  D  K  M  J  J  R  O  K  Ä  N  D  T
N  B  J  U  M  D  T  Ä  D  E  W  S  U  I
I  D  J  U  K  Z  K  N  O  R  G  L  H  V
N  Y  H  G  R  F  P  G  S  O  A  W  U  I
G  H  G  U  L  T  A  S  C  S  R  S  P  T
B  O  B  N  Z  X  N  R  K  X  Y  P  P  E
S  O  N  F  I  I  R  Y  L  Y  M  R  T  T
A  V  L  Ä  G  S  E  N  B  I  D  Å  Ä  B
U  T  M  A  T  T  N  I  N  G  G  K  C  I
O  B  E  S  T  Ä  M  N  I  N  G  P  K  G
I  A  C  S  F  R  E  S  A  D  J  I  T  G
```

AKTIVITET	UPPTÄCKT
BESTÄMNING	SPÄNNING
KULTURER	RESA
DJUR	RYMD
FARLIG	SPRÅK
RISKER	TERRÄNG
MOD	UTMATTNING
NY	AVLÄGSEN
OKÄND	VILD

73 - Voertuigen

```
F  M  L  B  U  S  S  D  E  H  D  P  H  T
J  Ä  O  Å  L  J  S  Ä  O  U  N  F  E  U
P  R  R  T  C  Z  Z  C  S  S  A  L  L  N
U  W  M  J  O  K  M  K  W  V  E  Y  I  N
C  M  F  F  A  R  X  J  B  A  P  G  K  E
B  J  T  D  W  X  T  T  Å  G  F  P  O  L
L  A  S  T  B  I  L  K  R  N  U  L  P  B
V  J  I  B  C  Y  K  E  L  A  S  A  T  A
F  V  W  M  C  T  C  S  I  N  K  N  E  N
L  N  C  P  K  R  K  I  J  A  O  T  R  A
O  A  M  B  U  L  A  N  S  L  T  W  O  O
T  A  X  I  B  D  U  R  A  K  E  T  N  R
T  F  I  L  Å  B  N  C  C  T  R  E  T  S
E  T  F  M  T  F  F  G  O  D  P  J  C  L
```

AMBULANS	UBÅT
BIL	RAKET
DÄCK	SKOTER
BÅT	TAXI
BUSS	TRAKTOR
HUSVAGN	TÅG
CYKEL	FÄRJA
HELIKOPTER	FLYGPLAN
TUNNELBANA	FLOTTE
MOTOR	LASTBIL

74 - Geografie

```
N  M  T  P  K  I  S  C  A  V  Ä  S  T  M
D  O  B  H  A  V  K  T  A  N  Ä  D  P  E
B  E  R  G  R  C  R  N  A  N  W  R  M  R
Z  U  E  R  T  J  M  W  T  D  O  D  L  I
Z  L  D  V  A  Z  Y  M  L  U  H  Ö  J  D
S  I  D  S  Ö  D  E  R  A  D  V  Y  L  I
A  X  G  G  R  M  P  L  S  S  L  P  F  A
Y  M  R  F  A  T  L  A  N  D  O  G  L  N
W  I  A  S  S  K  O  N  T  I  N  E  N  T
P  N  D  O  M  R  Å  D  E  N  G  I  I  K
J  O  T  E  K  V  A  T  O  R  I  Z  V  R
P  M  K  N  C  A  L  T  W  F  T  A  M  F
C  M  B  F  L  O  D  V  H  D  U  K  M  K
H  A  L  V  K  L  O  T  B  H  D  K  M  V
```

ATLAS	MERIDIAN
BERG	NORR
BREDDGRAD	OMRÅDE
KONTINENT	FLOD
EKVATOR	STAD
HALVKLOT	VÄRLD
HÖJD	VÄST
KARTA	HAV
LAND	SÖDER
LONGITUD	

75 - Kunstbenodigdheden

```
F  Ä  R  G  C  X  J  T  T  A  B  E  L  L
X  P  Z  K  A  M  E  R  A  K  M  K  V  P
B  W  O  M  L  E  X  Ä  L  R  I  A  A  N
O  V  L  P  D  K  H  K  E  Y  K  K  T  D
R  Y  J  B  J  Y  G  O  F  L  R  V  T  V
S  T  A  F  F  L  I  L  U  T  E  A  E  E
T  U  B  L  Ä  C  K  K  I  Z  A  R  N  G
A  I  D  É  E  R  U  K  K  M  T  E  K  N
R  P  N  D  B  M  F  H  L  I  I  L  V  K
L  A  J  V  G  E  J  Ä  E  F  V  L  E  Z
L  P  S  V  N  U  L  B  R  U  I  E  R  S
A  P  U  T  D  E  M  W  A  G  T  R  N  M
P  E  N  N  O  R  R  M  J  R  E  X  V  V
N  R  C  O  E  L  I  M  I  S  T  R  H  T
```

AKRYL	LERA
AKVARELLER	FÄRGER
BORSTAR	LIM
KAMERA	OLJA
KREATIVITET	PAPPER
STAFFLI	PENNOR
SUDDGUMMI	STOL
TRÄKOL	TABELL
IDÉER	FÄRG
BLÄCK	VATTEN

76 - Barbecues

```
D  F  S  O  M  M  A  R  P  W  J  I  H  G
P  R  A  T  Z  K  V  R  W  L  V  G  U  R
E  U  L  J  O  G  A  F  F  L  A  R  N  I
P  K  L  F  A  M  I  L  J  Ö  R  Ö  G  L
P  T  A  J  J  U  A  B  C  K  M  N  E  L
A  R  D  H  X  S  S  T  I  X  L  S  R  V
R  S  E  K  R  I  P  A  E  E  G  A  B  S
O  Å  R  N  I  K  X  O  L  R  X  K  R  H
P  S  M  I  D  D  A  G  C  T  K  E  L  N
G  P  Z  V  M  L  G  J  V  B  T  R  V  J
G  C  A  A  X  V  U  D  N  Y  H  N  S  L
X  O  W  R  Y  C  I  N  B  J  U  D  A  N
V  Y  V  G  V  O  K  Y  C  K  L  I  N  G
G  M  C  I  Z  H  E  A  H  H  F  N  R  D
```

MIDDAG	MUSIK
FAMILJ	PEPPAR
FRUKT	SALLADER
GRILL	SÅS
GRÖNSAKER	TOMATER
VARM	LÖK
HUNGER	INBJUDAN
KYCKLING	GAFFLAR
LUNCH	SOMMAR
KNIVAR	SALT

77 - Wetenschappelijke Discip

```
R E U A A S T R O N O M I B
O K X A R K E O L O G I B I
B O M I N E R A L O G I O O
O L A P M P M M I U M W T K
T O S N B F O E N M C Y A E
T G O O L N D T A T A J N M
E I C B Z E Y E L T L M I I
K G I M M U N O L O G I K B
N E O E N R A R M K T L B I
I O L K Ä O M O E K E G X O
K L O A R L I L I I J M T L
G O G N I O K O H D X S I O
W G I I N G L G C U B M X G
K I J K G I A I I M N F E I
```

ARKEOLOGI
ASTRONOMI
BIOKEMI
BIOLOGI
KEMI
EKOLOGI
GEOLOGI
IMMUNOLOGI
MEKANIK

METEOROLOGI
MINERALOGI
NEUROLOGI
BOTANIK
ROBOTTEKNIK
SOCIOLOGI
TERMODYNAMIK
NÄRING

78 - Bijvoeglijke Naamwoorden

```
K R E A T I V I L D D O I B
R X N D R A M A T I S K N E
G S S J Ö B N U Z P Ö Z T G
I A T M T B A T R R M V R Å
A L A A T E T E E O N Y E V
F T M W R S U N N D I T S A
R O H H Y K R T F U G Z S D
I D I L V R L I Y K A F A O
S C F K G I I S Y T X Z N J
K T I M Z V G K M I B U T S
A N O T M A A N S V A R I G
U F H L B N N O R M A L A Y
U Z U C T D H U N G R I G Y
S O Y M P E A D W S N I V A
```

AUTENTISK
BEGÅVAD
BESKRIVANDE
KREATIV
DRAMATISK
FRISKA
HUNGRIG
INTRESSANT
TRÖTT
NATURLIG

NY
NORMAL
PRODUKTIV
SÖMNIG
STARK
STOLT
ANSVARIG
VILD
SALT
REN

79 - Kleding

```
H A L S D U K K M V Y F E J
P A L E H R S A F X E M L A
Y B N K R E A E L B K E K C
J Ä E D J S A N D A L E R K
A L N C S O O G B S Ä U Y A
M T L S K K L Z W K N A S F
A E K W O M A B P J N R U Ö
S H V K Y N R R Ä O I M F R
H A L S B A N D L R N B I K
S T R U M P O R S T G A X L
C T R Ö J A H G B A T N A Ä
V G T I L E Z Y O O D D Z D
G L X V P N O N M O D E U E
B Y X O R V J U F F C G H Z
```

ARMBAND	PYJAMAS
BLUS	BÄLTE
BYXOR	KJOL
HANDSKAR	SANDALER
HATT	SKO
PÄLS	FÖRKLÄDE
JACKA	SKJORTA
KLÄNNING	HALSDUK
HALSBAND	STRUMPOR
MODE	TRÖJA

80 - Vliegtuigen

```
L  H  D  P  D  V  S  U  C  I  A  P  B  D
U  Ä  T  A  Ä  E  Ä  D  D  Z  J  K  K  X
F  R  U  S  V  V  S  T  K  B  A  K  O  V
T  K  R  S  E  X  H  I  E  R  Y  B  N  Y
P  O  B  A  N  J  I  H  G  Ä  E  E  S  M
I  M  U  G  T  N  S  I  X  N  V  S  T  M
L  S  L  E  Y  A  T  M  O  S  F  Ä  R  O
O  T  E  R  R  V  O  M  B  L  J  T  U  T
T  V  N  A  R  I  R  E  A  E  V  T  K  O
L  R  S  R  A  G  I  L  L  Y  H  N  T  R
G  D  W  E  P  E  A  W  L  W  F  I  I  A
H  Ö  J  D  J  R  M  I  O  U  Y  N  O  S
E  I  P  Y  L  A  N  D  N  I  N  G  N  F
R  I  K  T  N  I  N  G  G  L  K  K  U  I
```

HÄRKOMST	LANDNING
ATMOSFÄR	LUFT
ÄVENTYR	MOTOR
BALLONG	NAVIGERA
BESÄTTNING	DESIGN
KONSTRUKTION	PASSAGERARE
BRÄNSLE	PILOT
HISTORIA	RIKTNING
HIMMEL	TURBULENS
HÖJD	VÄTE

81 - Herbalisme

```
D S T R Ä D G Å R D R F O N
L A V E N D E L C K M Ä R A
A F C I E M G V A S J N E D
P E R S I L J A I K C K G R
B L O M M A R Y O T F Å A A
R B A W G L A L Z G L L N G
O A R T I M J A N R M Ö O O
S S O C N E X U N Ö W Z K N
M I M E J R A M H N L Y Y R
A L A I N G R E D I E N S L
R I T S A F F R A N Z O E N
I K I K U L I N A R I S K H
N A S M A K V A L I T E T V
C N K O N F U D I L L X G X
```

AROMATISK
BASILIKA
BLOMMA
KULINARISK
DILL
DRAGON
GRÖN
INGREDIENS
VITLÖK
KVALITET

LAVENDEL
MEJRAM
OREGANO
PERSILJA
ROSMARIN
SAFFRAN
SMAK
TIMJAN
TRÄDGÅRD
FÄNKÅL

82 - Meubels

```
B D S K R I V B O R D L F F
S C I Ä K K F K Z Z R A Å Y
S T O L N S I P U S T M T J
A Y J E N G E Z Y D V P Ö T
E K M A D R A S S M D A L Y
G A R D I N E R L E M A J M
H Ä N G M A T T A D X K R A
H Y L L O R H G C P N U V T
L B F D K S P E G E L D T T
T N X U H N C Z P C P D P A
B Y R Å T E Y W N Y L E S C
Ä N U U B O K H Y L L A J S
N P J S N A N J H N U T W U
K V O D N C W M H V V N P W
```

BÄNK
SÄNG
BOKHYLLA
SKRIVBORD
BYRÅ
FÅTÖLJ
FUTON
GARDINER
HÄNGMATTA

KUDDE
KUDDAR
LAMPA
MADRASS
HYLLOR
SPEGEL
STOL
MATTA

83 - Piraten

```
S F Y P Y N X A V T Y L F G
K K Y A P S K I N W L H V S
A Z F P T H A J A K F S A Z
T K L E G E N D H W A T S V
T A A G R O T T A Ä R R O M
U R G O E M Ö X L K A A E E
U T G J Y V F X S O P N X Z
G A A A D F S D K M I D K M
N B O G P T V I V P N Å B K
K A P T E N Ä F U A S L R Z
Ä V E N T Y R U P S K I R D
J P J F K M D H M S Z G Y R
J Z Z V X U G U L D R U K R
R Y M B E S Ä T T N I N G C
```

ANKARE
ÄVENTYR
BESÄTTNING
FARA
GULD
GROTTA
KARTA
KAPTEN
KOMPASS
LEGEND

ÄRR
HAV
PAPEGOJA
ROM
SKATT
DÅLIG
STRAND
FLAGGA
SVÄRD

84 - Surfen

```
A  S  T  I  L  M  V  G  L  S  S  H  O  J
W  K  I  X  P  O  Ä  I  W  K  M  A  G  E
T  S  T  R  A  N  D  S  Z  U  D  V  F  I
J  Y  Y  O  D  Y  E  T  T  M  Y  N  O  D
K  W  F  L  D  B  R  Y  A  A  D  K  L  R
S  D  N  I  L  Ö  H  R  F  P  R  M  K  O
J  P  N  G  A  R  A  K  N  Y  E  E  M  T
U  O  R  T  S  J  S  A  H  U  V  X  A  T
S  P  N  A  R  A  T  V  R  U  S  T  S  A
T  U  V  X  Y  R  I  E  P  D  V  R  S  R
F  L  Z  R  A  E  G  D  C  L  R  E  O  E
L  Ä  H  H  R  G  H  S  J  K  V  M  R  B
I  R  G  T  M  W  E  F  U  I  E  Å  Z  Z
N  H  G  A  J  D  T  O  R  G  U  A  G  C
```

IDROTTARE	ROLIGT
NYBÖRJARE	POPULÄR
EXTREM	REV
VÅG	SKUM
MÄSTARE	HASTIGHET
STYRKA	SPRAY
MAGE	STIL
FOLKMASSOR	STRAND
HAV	VÄDER
PADDLA	

85 - Rijden

```
X  C  T  B  R  Ä  N  S  L  E  H  F  L  E
L  O  R  I  R  H  A  S  G  L  A  O  H  C
W  F  A  L  N  O  T  C  A  Z  S  T  P  A
O  V  F  K  H  U  M  C  T  E  T  G  V  L
M  L  I  C  E  N  S  S  A  V  I  Ä  D  I
O  O  K  A  R  T  A  Ä  A  A  G  N  W  S
T  P  T  O  L  Y  C  K  A  R  H  G  Y  P
O  O  U  O  P  A  N  E  E  D  E  A  V  K
R  L  N  S  R  W  L  R  W  C  T  R  Ä  K
C  I  N  F  A  R  A  H  N  Z  Y  E  G  N
Y  S  E  D  C  L  E  E  V  G  G  D  M  P
K  G  L  I  P  C  A  T  G  A  R  A  G  E
E  A  H  O  Z  Z  Z  O  C  A  I  R  H  I
L  A  S  T  B  I  L  C  W  T  S  C  E  F
```

BIL	POLIS
BRÄNSLE	BROMSAR
GARAGE	HASTIGHET
GAS	GATA
FARA	TUNNEL
KARTA	SÄKERHET
LICENS	TRAFIK
MOTOR	FOTGÄNGARE
MOTORCYKEL	LASTBIL
OLYCKA	VÄG

86 - Wetenschap

```
C  T  K  K  U  U  K  E  M  I  S  K  A  P
X  V  R  E  M  F  L  X  C  C  I  D  L  U
T  W  P  V  I  O  I  P  F  L  W  V  L  V
D  L  A  O  N  H  M  E  Z  F  I  H  V  W
W  R  R  L  E  Y  A  R  U  A  M  S  A  T
N  A  T  U  R  P  T  I  O  K  F  M  R  D
O  F  I  T  A  O  F  M  A  T  O  M  H  A
V  O  K  I  L  T  X  E  D  U  S  Y  E  T
B  R  L  O  E  E  X  N  A  M  S  A  F  A
N  S  A  N  R  S  T  T  Y  S  I  C  Z  Y
D  K  R  V  M  O  L  E  K  Y  L  E  R  Y
L  A  B  O  R  A  T  O  R  I  U  M  V  P
E  R  R  F  Y  S  I  K  I  G  Z  S  R  A
M  E  T  O  D  O  R  G  A  N  I  S  M  U
```

ATOM	LABORATORIUM
KEMISK	METOD
PARTIKLAR	MINERALER
EVOLUTION	MOLEKYLER
EXPERIMENT	NATUR
FAKTUM	FYSIK
FOSSIL	ORGANISM
DATA	FORSKARE
HYPOTES	ALLVAR
KLIMAT	

87 - Badkamer

```
E M D B S F M H R B J L W W
W V X U M A T T A A Z O X N
X M H B T W X P C D T T Y B
T P T B G Y F F X R V I C H
C G T L S P E G E L Å O K S
N J W O H P Z C V W L N G C
R B K R A N A S D E K V Y H
A T L Z N V I R S V A M P A
V O P P D K N N F M N B P M
T A G V D U S C H Y G Å B P
C L T N U P F H T Z M N L O
J E P T K K G U M P R G F H
Y T Y K E G Y S Y X F A J I
S T I N O N P Z D B A G K E
```

BAD
BUBBLOR
DUSCH
HANDDUK
KRAN
LOTION
PARFYM
SAX

SCHAMPO
SPEGEL
SVAMP
ÅNGA
MATTA
VATTEN
TOALETT
TVÅL

88 - Speelgoed

```
R  H  F  L  Y  G  P  L  A  N  W  F  T  B
B  C  A  H  A  N  T  V  E  R  K  Ä  S  Å
M  G  N  T  Å  G  N  F  Z  R  D  R  C  T
R  P  T  R  U  M  M  O  R  Z  A  G  H  H
O  C  A  X  N  F  D  O  C  K  A  N  A  J
B  J  S  E  B  A  N  R  O  G  T  R  C  R
O  B  I  L  E  V  G  C  A  E  S  S  K  E
T  W  A  R  L  O  P  L  F  K  I  N  O  L
B  S  V  N  B  R  U  V  B  N  E  I  H  J
Ö  I  P  E  O  I  S  U  S  M  C  V  U  W
C  Y  K  E  L  T  S  V  E  B  M  O  P  C
K  M  X  Y  L  B  E  T  T  T  M  S  T  C
E  B  M  O  U  M  L  A  S  T  B  I  L  J
R  R  G  N  G  N  B  V  H  U  L  Z  V  T
```

HANTVERK	DOCKA
BIL	PUSSEL
BOLL	ROBOT
BÖCKER	SCHACK
BÅT	TÅG
TRUMMOR	FANTASI
FAVORIT	FÄRG
CYKEL	DRAKE
SPEL	FLYGPLAN
LERA	LASTBIL

89 - Muziekinstrumenten

```
L O J T T A M B U R I N M U
Z I B Y K R Z Y R D A T A J
K E D F B X U W U Y Z R R V
F L Ö J T M Z M V B O U I S
A H A R P A W V M B Y M M H
G P T R O M B O N A B P B C
O A D Y I U G O N G A E A Y
T I K M A N D O L I N T P F
T C W F R S E L R P J O N I
X R E B W P U T I I O F L O
E H V L C E G I T A R R N L
O B O E L L Z C X N I C Y M
S I W T L O S A X O F O N X
S L A G V E R K F E L R D C
```

BANJO	MARIMBA
CELLO	MUNSPEL
FAGOTT	SLAGVERK
FLÖJT	PIANO
GITARR	SAXOFON
GONG	TAMBURIN
HARPA	TROMBON
OBOE	TRUMMA
KLARINETT	TRUMPET
MANDOLIN	FIOL

90 - Activiteiten en Vrije Ti

```
D  X  I  M  K  C  J  T  H  A  I  V  B  V
F  Y  B  Y  F  O  T  B  O  L  L  A  O  O
C  R  K  F  Y  T  N  B  O  M  A  N  X  L
A  C  B  N  F  E  B  S  L  S  V  D  N  L
M  Å  L  N  I  N  G  U  T  Z  K  R  I  E
P  T  T  I  S  N  Z  R  N  G  O  I  N  Y
I  R  Z  I  K  I  G  F  T  E  P  N  G  B
N  S  G  R  E  S  A  I  Y  C  P  G  Y  O
G  D  S  I  M  N  I  N  G  L  L  J  U  L
O  K  H  P  X  O  T  G  J  O  A  K  W  L
B  A  S  E  B  O  L  L  E  S  N  N  I  L
W  S  F  J  B  A  S  K  E  T  D  V  O  J
T  Ä  V  L  I  N  G  S  P  G  E  P  M  Y
G  O  L  F  A  P  I  A  Z  J  V  K  S  U
```

BASKET
BOXNING
DYKNING
GOLF
FISKE
BASEBOLL
CAMPING
KONST
AVKOPPLANDE

TÄVLINGS
RESA
MÅLNING
SURFING
TENNIS
FOTBOLL
VOLLEYBOLL
VANDRING
SIMNING

91 - Water

```
J  L  A  O  F  D  O  R  F  C  A  H  H  F
N  B  F  G  N  U  R  Y  L  O  N  M  A  C
E  R  H  Y  J  S  K  M  O  J  N  O  Z  Ö
F  U  K  T  C  C  S  T  D  J  W  N  V  V
V  R  Z  M  P  H  N  J  I  S  E  S  B  E
Å  N  G  A  W  M  Ö  U  Ö  G  O  U  E  R
G  S  E  K  K  O  R  K  A  G  H  N  V  S
O  O  J  A  F  R  N  Z  E  P  A  E  A  V
R  R  S  N  U  K  G  D  M  Y  V  J  T  Ä
W  C  E  A  K  A  I  D  N  F  R  J  T  M
G  W  R  L  T  N  G  I  D  D  E  N  N  N
J  R  R  X  I  F  R  O  S  T  G  G  I  I
G  B  C  M  G  F  S  M  D  F  N  J  N  N
A  N  A  V  D  U  N  S  T  N  I  N  G  G
```

DUSCH	ÖVERSVÄMNING
GEJSER	REGN
VÅGOR	FLOD
IS	SNÖ
BEVATTNING	ÅNGA
KANAL	AVDUNSTNING
SJÖ	FUKT
MONSUN	FUKTIG
HAV	FUKTIGHET
ORKAN	FROST

92 - Schaken

```
U  C  B  U  Y  T  O  D  A  T  V  B  M  D
T  P  G  T  A  I  Ä  F  K  J  R  U  Ä  I
M  U  O  C  G  D  U  V  F  N  H  P  S  A
A  S  V  A  R  T  U  H  L  R  T  K  T  G
N  S  T  R  A  T  E  G  I  I  A  A  A  O
I  C  D  P  A  S  S  I  V  T  N  O  R  N
N  B  K  R  V  I  T  E  K  U  N  G  E  A
G  S  B  B  O  K  Y  R  M  R  T  K  D  L
A  S  D  M  O  T  S  T  Å  N  D  A  R  E
R  P  O  Ä  N  G  T  S  P  E  L  A  R  E
R  E  G  L  E  R  L  N  A  R  O  B  Y  X
Y  L  Y  A  R  M  M  D  I  I  B  H  A  T
B  T  F  G  Z  U  V  J  I  N  O  X  U  I
B  P  W  U  I  H  M  N  T  G  G  N  Y  O
```

DIAGONAL	SPELARE
MÄSTARE	STRATEGI
KUNG	MOTSTÅNDARE
DROTTNING	TID
OFFRA	TURNERING
PASSIV	UTMANINGAR
POÄNG	TÄVLING
REGLER	VIT
SPEL	SVART

93 - Boerderij #1

```
L C J E H Ö F F G G G H K O
N F Z T F O E Ä L E Ö U A F
J R I S L Y N V L E D N L R
O S X C O H J G M T S D V Ö
R R S W C M Ä E G V E E P N
D P L O K F I S B Y L Z J I
B I K R Å K A P T S U D W J
R F R Y X H R G H M Z V U G
U T N D C Z D Y P D T J K H
K B Y H S K T J F K W D Å F
Z M B X Z I L R B W X H S X
K A T T N F N I A Z E R N L
V A T T E N H O N U N G A Y
S T A K E T G P U G E T S Y
```

BI	KO
ÅSNA	KRÅKA
GET	FLOCK
STAKET	JORDBRUK
HUND	GÖDSEL
HONUNG	HÄST
HÖ	RIS
KALV	FÄLT
KATT	VATTEN
KYCKLING	FRÖN

94 - Huis

```
D U S C H V I N D Z R G S S
H M A T T A Ä E P M U G P O
T Ö G B A D Y G N C M F E V
R B A D K K Ö K G F B S G R
Ä E R Ö P P E N S P I S E U
D L A R O M X T K Y B M L M
G N G R W I T N O L L K R A
Å C E L A M P A R O I P H D
R F R Z I M Z N S L O X Y C
D I K V A S T I T T T W U B
K Ä L L A R E D E L E N D W
C N U L C W B M N I K K O K
A T U I D W Z J I E X C D Z
H V D C B T A F V S P F B G
```

KVAST	KÖK
BIBLIOTEK	LAMPA
TAK	MÖBEL
DÖRR	VÄGG
DUSCH	SKORSTEN
GARAGE	SOVRUM
ÖPPEN SPIS	SPEGEL
STAKET	MATTA
RUM	TRÄDGÅRD
KÄLLARE	VIND

95 - Kleuren

```
P P V I T Y V N Y F L I L A
P S W J C M E W B W W B U Y
H I Y A U U H L X M S E Y Z
P M W H K E W D O A S L P S
L S J W Z C R P U G E W I S
D T C T F L J N H E N P Y V
L J Y H U Y B R U N G H X A
P B A S C C E L C T V U Z R
Y X N G H L I W G A F H L T
T W P R S D G N T Y X A E I
W E J Ö I Y E A D S E P I A
H K J N A P E L S I N F A I
B L Å F J H M Y I O G R Å X
J R Ö D D Z J N S J R O S A
```

BEIGE	MAGENTA
BLÅ	APELSIN
BRUN	LILA
CYAN	RÖD
FUCHSIA	ROSA
GUL	SEPIA
GRÅ	VIT
GRÖN	SVART
INDIGO	

96 - Verjaardag

```
R  S  J  U  Ä  L  D  R  E  J  F  G  K  M
Z  Ä  I  N  U  J  Å  G  Å  V  A  G  A  I
P  R  K  N  X  U  K  T  I  D  A  G  K  N
C  S  C  A  B  S  H  Z  O  B  K  L  A  N
Z  K  L  B  L  J  E  F  B  A  L  N  D  E
N  I  V  Y  E  E  U  Ö  A  M  H  P  L  N
E  L  Z  R  Y  J  N  D  R  C  M  M  C  V
C  D  J  U  N  G  L  D  N  F  V  I  Y  Ä
A  D  K  T  V  H  Y  Z  E  I  N  C  A  N
Å  R  M  A  I  V  C  W  U  R  N  E  W  N
W  S  T  R  S  I  K  V  K  A  Z  G  E  E
K  O  R  T  D  Z  L  G  J  N  G  I  A  R
U  V  A  R  O  L  I  G  T  D  W  E  H  R
E  N  U  J  M  X  G  B  R  E  S  B  M  M
```

KAKA	KALENDER
DAG	LÅT
FÖDD	ÄLDRE
LYCKLIG	ROLIGT
GÅVA	SÄRSKILD
MINNEN	TID
ÅR	INBJUDNINGAR
UNG	FIRANDE
LJUS	VÄNNER
KORT	VISDOM

97 - Getallen

```
S  B  N  B  B  S  H  K  E  C  O  T  K  K
W  G  U  X  B  M  L  G  M  I  T  I  O  N
O  O  S  B  P  F  A  S  B  L  O  T  G  Y
G  S  S  W  V  Y  W  J  V  W  L  R  S  C
Z  N  P  U  K  R  N  E  B  V  V  E  G  C
P  Y  O  Y  N  A  Y  T  V  Å  T  T  A  C
S  J  U  V  N  G  L  F  J  O  R  T  O  N
S  K  A  N  E  M  B  I  B  U  E  O  L  I
E  I  I  I  F  E  M  T  O  N  G  N  U  O
X  T  H  T  X  E  P  S  E  X  T  O  N  D
F  Z  T  T  S  J  U  T  T  O  N  L  E  R
Z  E  C  O  H  V  C  L  V  C  S  L  X  Y
O  V  M  N  U  C  M  P  S  O  L  T  A  H
M  T  D  G  Z  B  A  N  M  A  R  T  O  N
```

ÅTTA	TVÅ
ARTON	TJUGO
TRETTON	FJORTON
TRE	FYRA
ETT	FEM
NIO	FEMTON
NITTON	SEX
NOLL	SEXTON
TIO	SJU
TOLV	SJUTTON

98 - Boerderij #2

```
F  Y  V  N  A  X  D  L  F  Å  R  D  L  V
O  R  S  E  T  Z  J  A  F  P  H  U  A  X
L  X  U  X  T  B  U  D  P  T  E  T  M  I
U  E  H  K  V  E  R  A  D  V  R  D  A  O
S  G  M  T  T  W  Ä  S  W  D  D  U  P  R
B  E  V  A  T  T  N  I  N  G  E  D  L  G
R  V  N  D  S  L  G  T  R  A  K  T  O  R
L  A  M  M  A  J  S  B  B  O  N  D  E  Ö
H  N  J  Z  I  D  J  D  O  P  P  K  L  N
F  A  Ö  P  N  E  K  J  X  T  Y  O  A  S
M  X  L  A  L  D  H  P  K  I  L  R  Z  A
B  I  K  U  P  A  D  U  C  V  R  N  I  K
F  R  U  K  T  T  R  Ä  D  G  Å  R  D  D
E  A  V  E  V  Ä  D  E  R  K  V  A  R  N
```

BIKUPA	LAMM
BONDE	LAMA
FRUKTTRÄDGÅRD	MAJS
DJUR	MJÖLK
ANKA	FÅR
FRUKT	LADA
KORN	VETE
GRÖNSAK	TRAKTOR
HERDE	ÄNG
BEVATTNING	VÄDERKVARN

99 - Voeding

```
F F W C U N W K O B S X N P
D R D B I T B O I D S Å N A
C I N W T C U S P S V T S A
O S Z S H V Ä T S K O R I F
Y K K Y M Ä J Ä S N I N G K
V A Y C B A L A N S E R A D
I J U A C V K S A B R K P Z
K A L O R I E R A U K V T Y
T J P R O T E I N E R A I S
O J Y U M A Ä T L I G L T J
X W N C V M E H O J W I H U
I K L D B I T T E R R T O D
N D W X C N T X L N K E I A
K O L H Y D R A T E R T N G
```

BITTER
KALORIER
KOST
ÄTLIG
APTIT
PROTEINER
BALANSERAD
JÄSNING
VIKT

FRISKA
HÄLSA
KOLHYDRATER
KVALITET
SÅS
SMAK
TOXIN
VITAMIN
VÄTSKOR

1 - Metingen

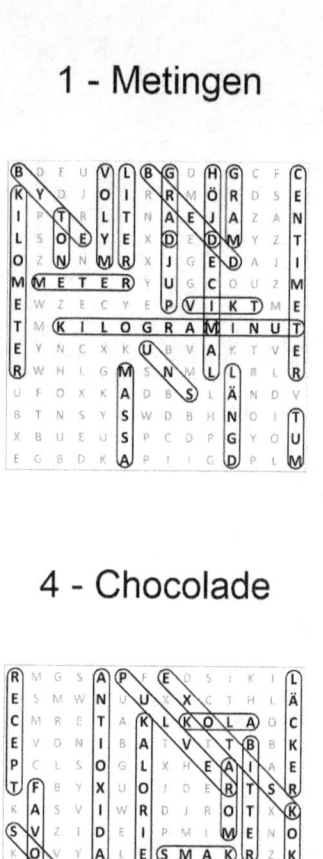

2 - Keuken

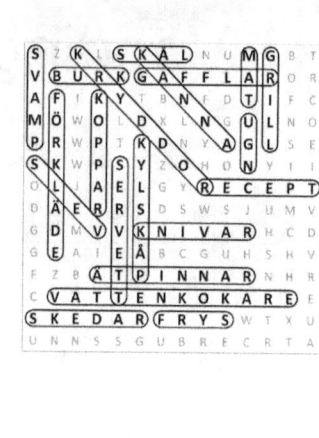

3 - Boten

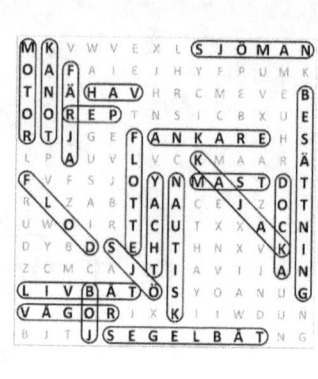

4 - Chocolade

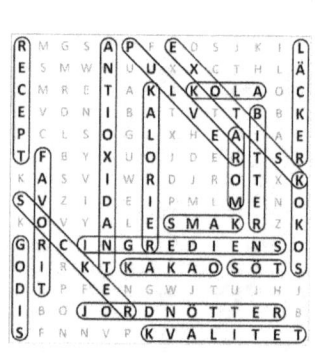

5 - Tijd

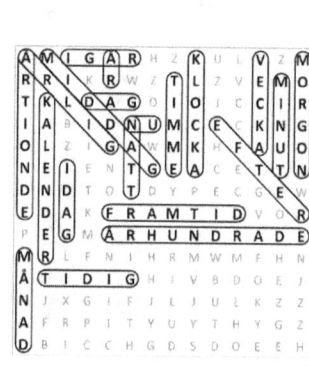

6 - Meditatie

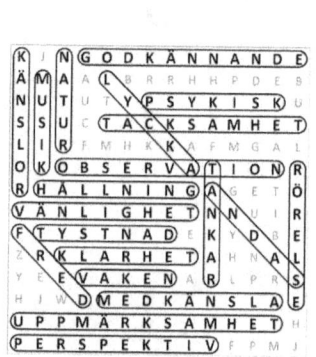

7 - Zomer

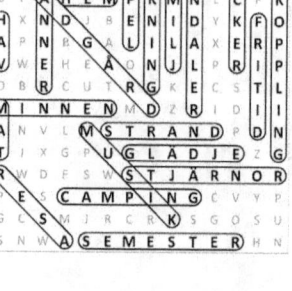

8 - Vogels

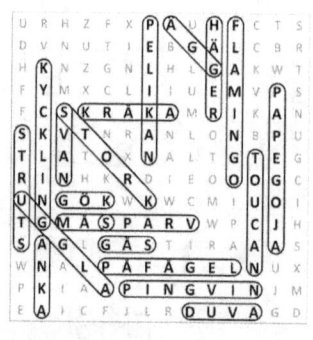

9 - Behoud

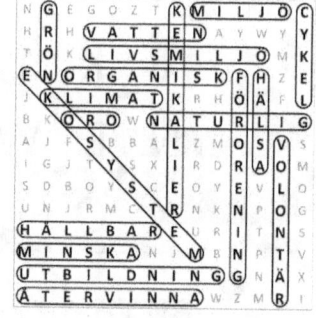

10 - Wiskunde

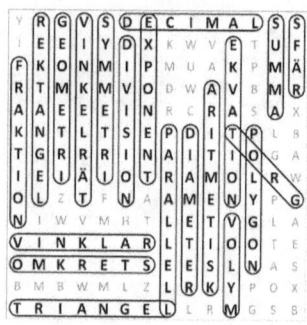

11 - Camping

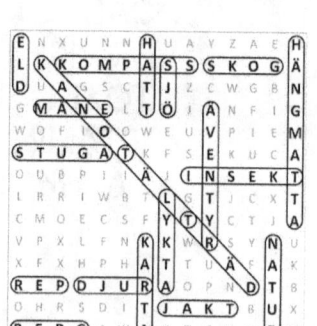

12 - Activiteiten

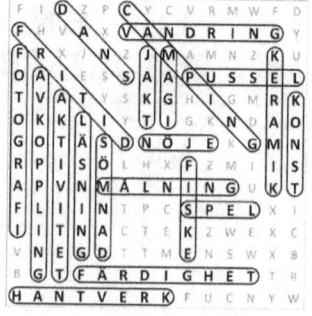

13 - Vormen

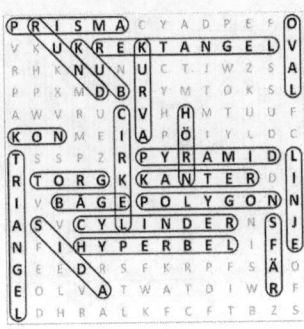

14 - Astronomie

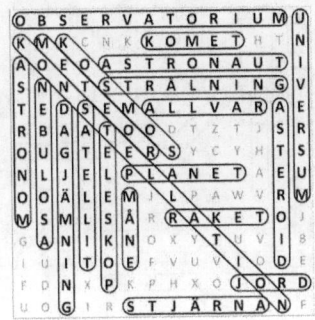

15 - Emoties

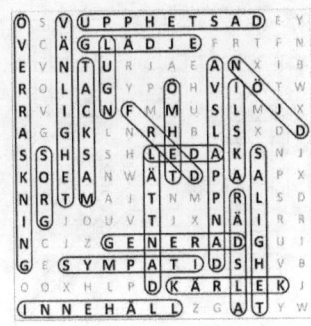

16 - Vakantie #2

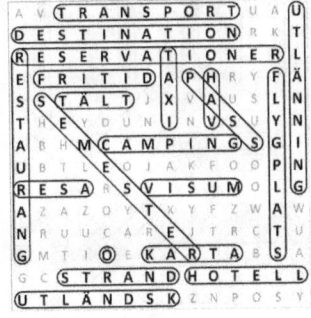

17 - Weersomstandigh

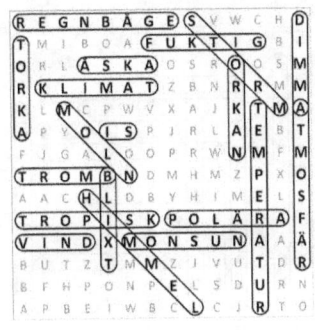

18 - Strand

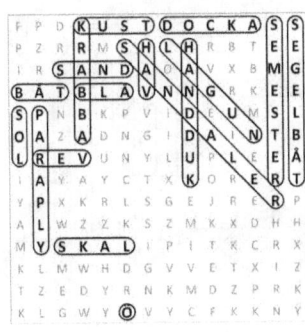

19 - Eten #2

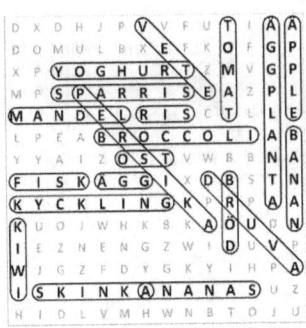

20 - Klimmen

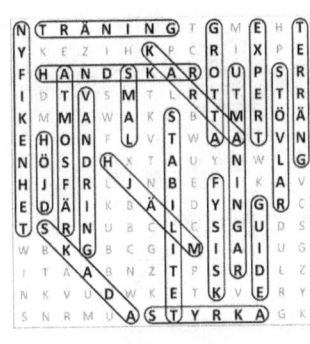

21 - Restaurant #1

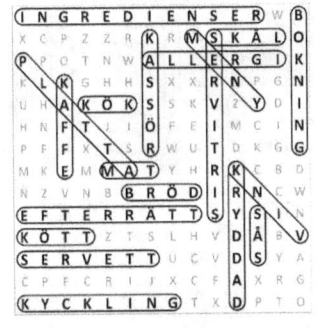

22 - Geologie

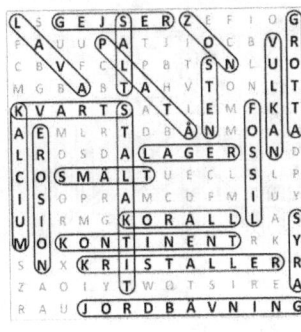

23 - Specerijen

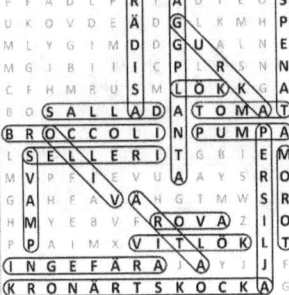

24 - Groenten

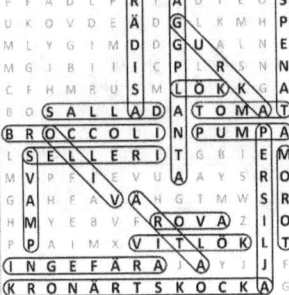

25 - Dans

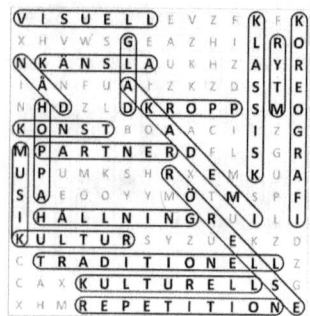

26 - Sport

27 - Mythologie

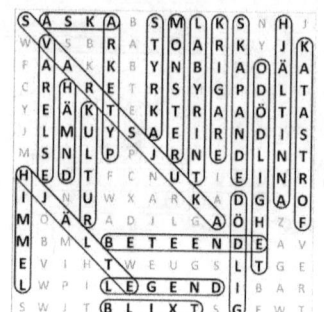

28 - Eten #1

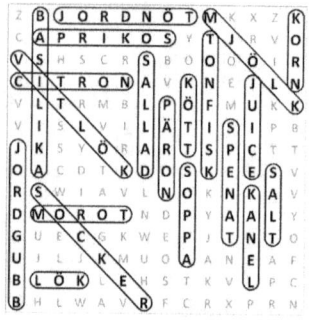

29 - Avontuur

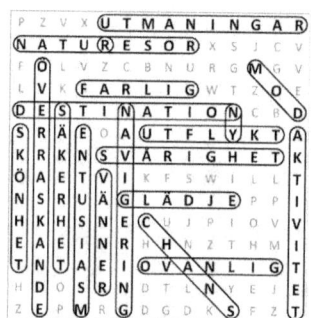

30 - Circus

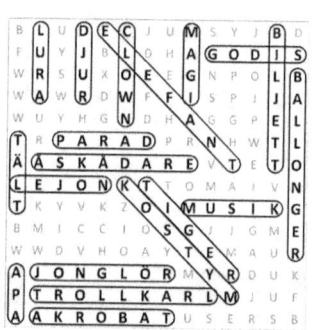

31 - Restaurant #2

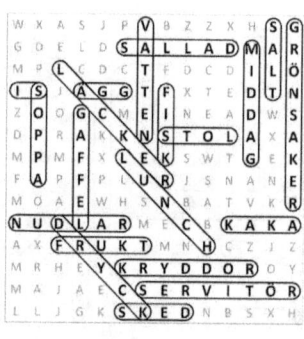

32 - Bijen

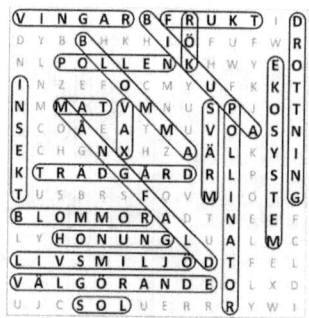

33 - School #1

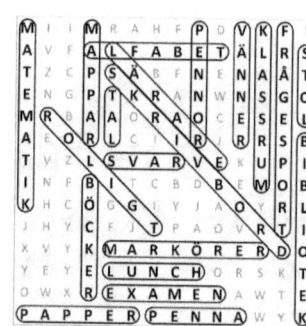

34 - Wandelen

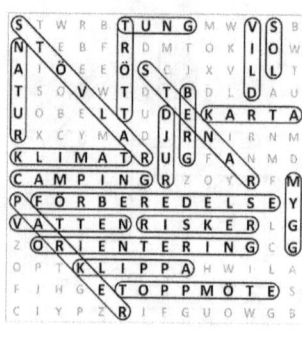

35 - Ecologie

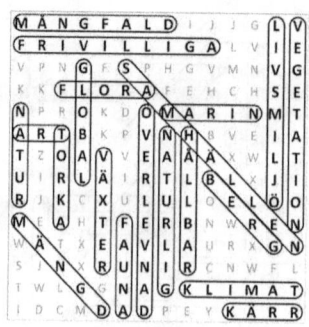

36 - Installaties

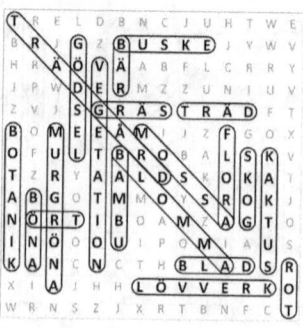

37 - School #2

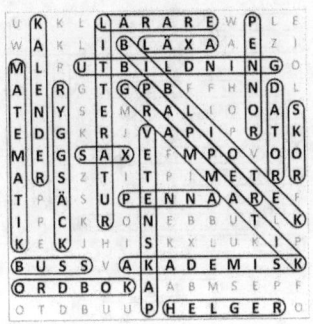

38 - Oceaan

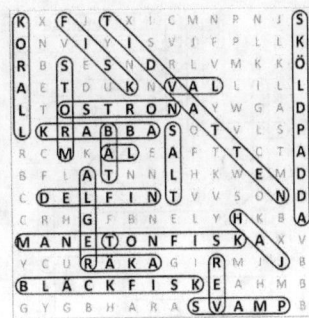

39 - Landen #2

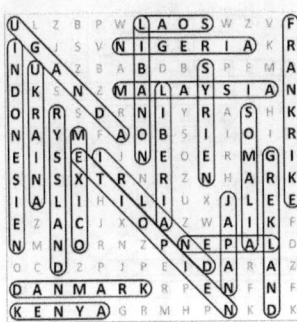

40 - Bloemen

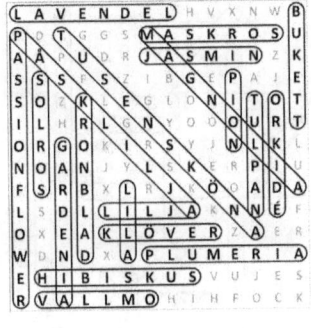

41 - Huisdieren

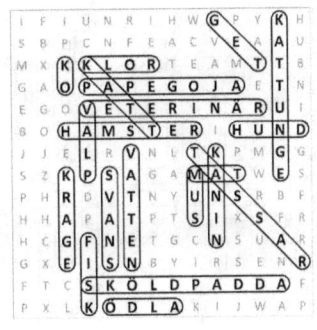

42 - Landschappen

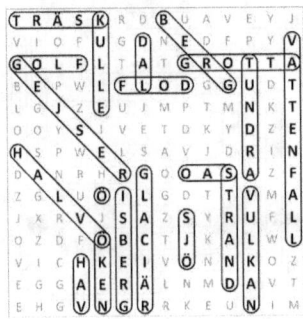

43 - Tuin

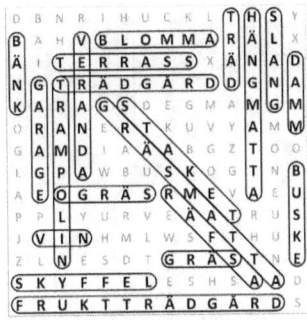

44 - Katten

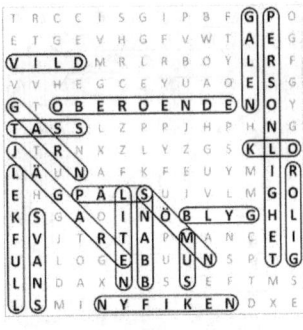

45 - Beroepen #2

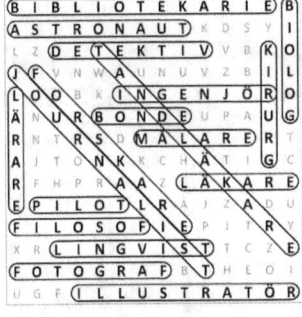

46 - Dagen en Maanden

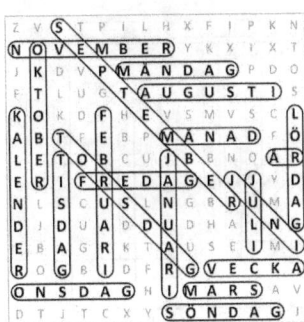

47 - Beeldende Kunsten

48 - Menselijk Lichaam

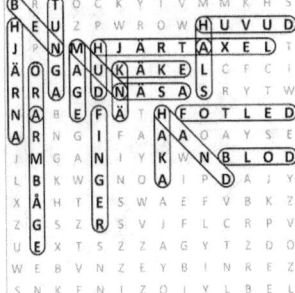

49 - Familie

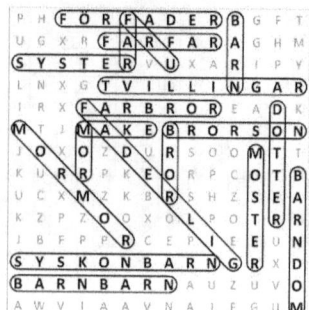

50 - Gebouwen

51 - Kunst

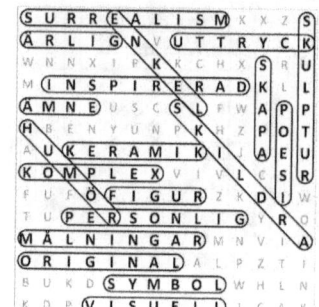

52 - Beroepen #1

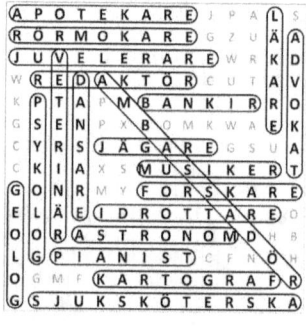

53 - Kastelen

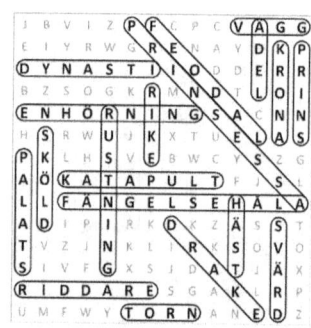

54 - Insecten

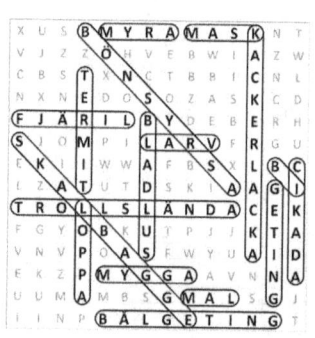

55 - Antarctica

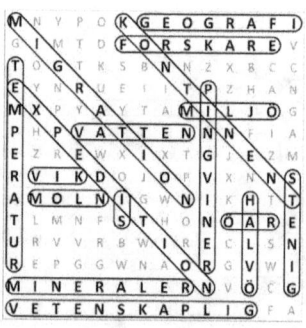

56 - Ballet

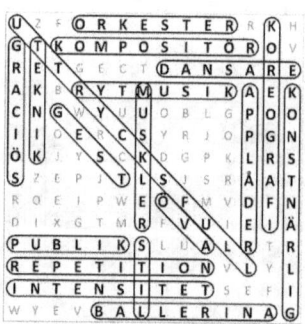

57 - Vissen

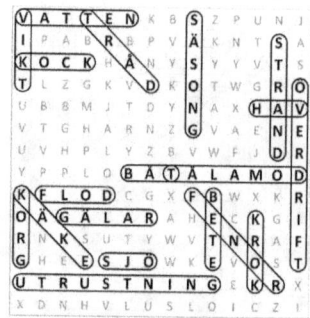

58 - Fruit

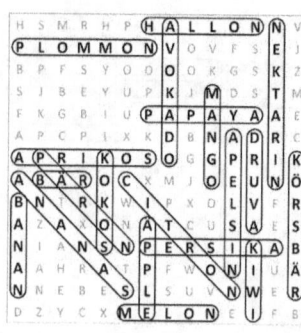

59 - Literatuur

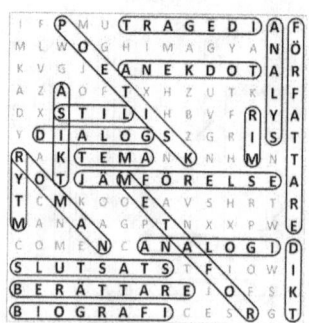

60 - Technologie

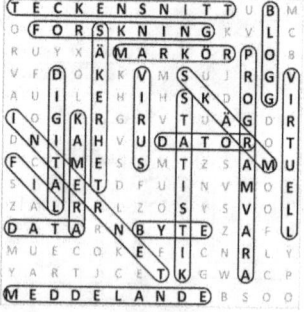

61 - Boeken

HUMORISTISK · SAMLING · HISTORISK · KRIM · RELEVANT · FÖRFATTARE · DIKT · TRAGISK · ÄVENTYR

62 - Meer Informatie

MYSTISK · TROGEN · ORAKEL · BÖCKER · IMAGINÄR · ILLUSION · BIO · FANTASTISK · EXPLOSION

63 - Regenwoud

BEVARANDE · ÖVERLEVNAD · DJUNGEL · INHEMSK · KLIMAT · MOLN · DÄGGDJUR · TILLFLYKT · INSEKTER

64 - Haartypes

SVART · TORR · TUNN · LOCKIG · LÅNG · SKALLIG · KALP · BLOND · FLATAD · BRUN · GRÅ · FRISKA · LOCKAR

65 - Gereedschap Voor het Kok

GAFFEL · UGN · SPIS · SKED · KNIV · RIVJÄRN · VATTENKOKARE · BRÖDROST · LOCK

66 - Stad

UNIVERSITET · TEATER · BIBLIOTEK · HANDEL · STADION · RESTAURANG · HOTELL · BANK · MUSEUM · SKOLA · LAGRA · MATAFFÄR · KLINIK

67 - Natuur

FRISTAD · EROSION · GÖKEN · GLACIÄR · KLIPPOR · DIMMA · TROPISK · SKYDD · FLOD · DJUR · LÖVVERK · AVGÖRANDE

68 - Dinosaurussen

REPTIL · VINGAR · ROVFÅGEL · FOSSIL · STOR · MAMMUT · BYTE · KRAFTFULL

69 - Zoogdieren

BÄVER · KATT · KANIN · KAMEL · GORILLA · ELEFANT · GIRAFF · APA · HUND · DELFIN · PRÄRIEVARG · HÄST · TJURÄV

70 - 1 Jaar Geleden

AVGÖRANDE · PÅLITLIG · PASSIONERAD · PRAKTISK · ROLIG · BLYGSAM · PATIENT · HJÄLPSAM · NYFIKEN · EFFEKTIV · KONSTNÄRLIG

71 - Kampioenschap

STRATEGI · MEDALJ · SPEL · TURNERING · PRESTANDA · FINALIST · MÄSTERSKAP · MOTIVERING

72 - Exploratie

KULTURER · SPÄNNING · OKÄND · AKTIVITET · AVLÄGSEN · UTMATTNING · BESTÄMNING · RESA

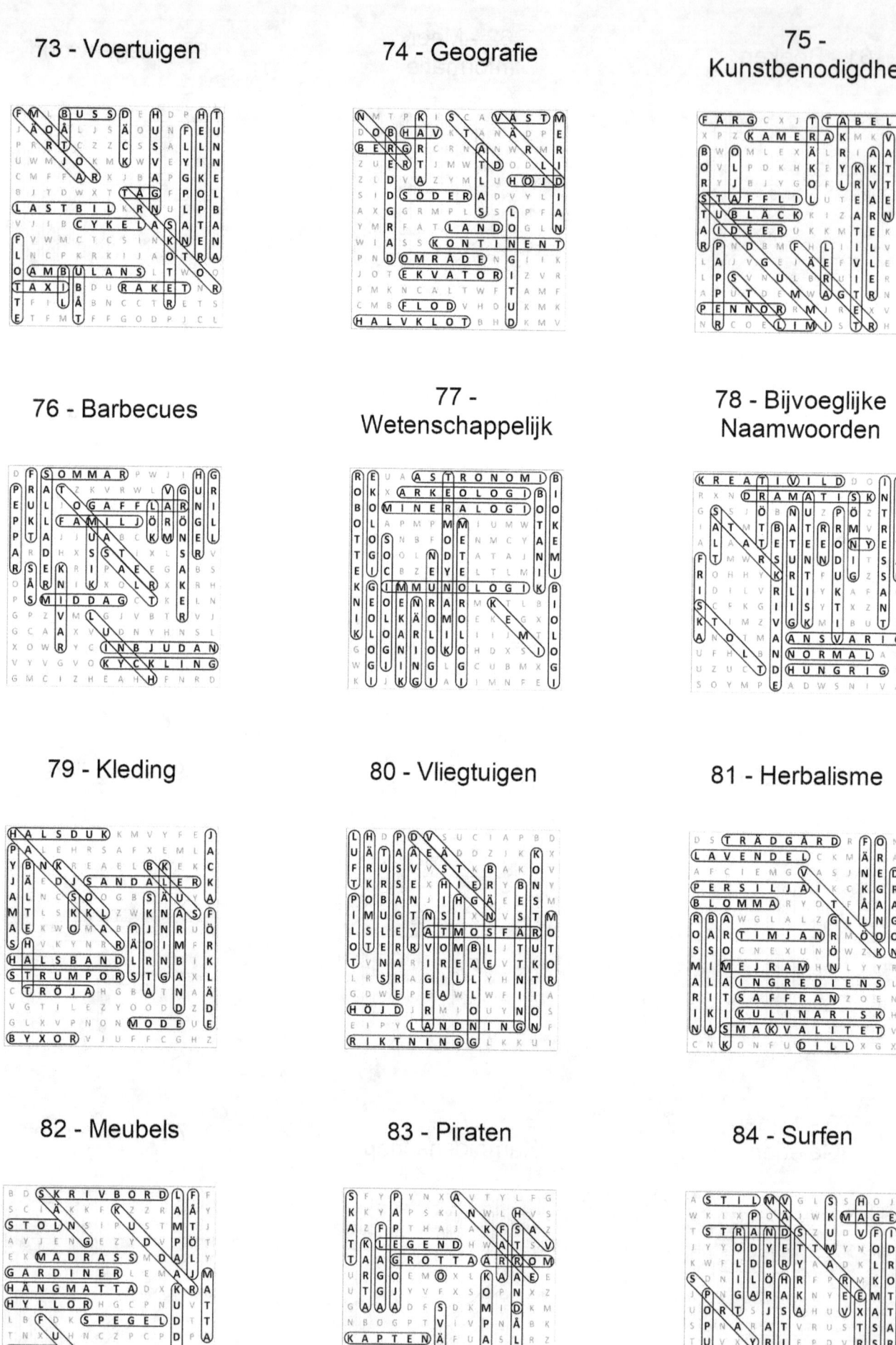

73 - Voertuigen

74 - Geografie

75 - Kunstbenodigdhe

76 - Barbecues

77 - Wetenschappelijk

78 - Bijvoeglijke Naamwoorden

79 - Kleding

80 - Vliegtuigen

81 - Herbalisme

82 - Meubels

83 - Piraten

84 - Surfen

85 - Rijden

86 - Wetenschap

87 - Badkamer

88 - Speelgoed

89 - Muziekinstrument

90 - Activiteiten en Vrije Ti

91 - Water

92 - Schaken

93 - Boerderij #1

94 - Huis

95 - Kleuren

96 - Verjaardag

97 - Getallen

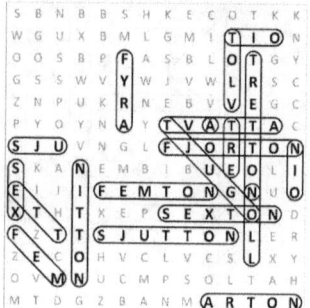

98 - Boerderij #2

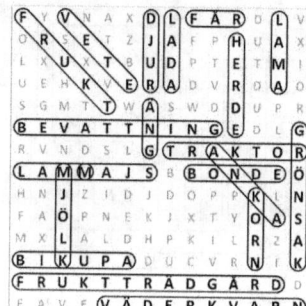

99 - Voeding

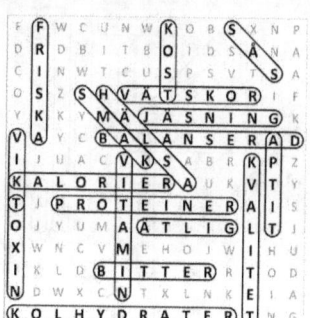

Woordenboek

1 Jaar Geleden
Dygder #1

Artistiek	Konstnärlig
Behulpzaam	Hjälpsam
Bescheiden	Blygsam
Beslissend	Avgörande
Betrouwbaar	Pålitlig
Charmant	Charmig
Efficiënt	Effektiv
Gepassioneerd	Passionerad
Goed	Bra
Grappig	Rolig
Gul	Generös
Intelligent	Intelligent
Nieuwsgierig	Nyfiken
Onafhankelijk	Oberoende
Patiënt	Patient
Praktisch	Praktisk
Schoon	Ren
Wijs	Klok
Zelfverzekerd	Säker

Activiteiten
Aktiviteter

Activiteit	Aktivitet
Ambachten	Hantverk
Dansen	Dans
Fotografie	Fotografi
Games	Spel
Hengelsport	Fiske
Jacht	Jakt
Kamperen	Camping
Keramiek	Keramik
Kunst	Konst
Lezen	Läsning
Magie	Magi
Naaien	Sömnad
Ontspanning	Avkoppling
Plezier	Nöje
Puzzels	Pussel
Schilderij	Målning
Vaardigheid	Färdighet
Vrije Tijd	Fritid
Wandelen	Vandring

Activiteiten en Vrije Ti
Aktiviteter och Fritid

Basketbal	Basket
Boksen	Boxning
Duiken	Dykning
Golf	Golf
Hengelsport	Fiske
Honkbal	Baseboll
Kamperen	Camping
Kunst	Konst
Ontspannen	Avkopplande
Racen	Tävlings
Reis	Resa
Schilderij	Målning
Surfen	Surfing
Tennis	Tennis
Voetbal	Fotboll
Volleybal	Volleyboll
Wandelen	Vandring
Zwemmen	Simning

Antarctica
Antarktis

Baai	Vik
Behoud	Bevarande
Continent	Kontinent
Eilanden	Öar
Expeditie	Expedition
Geografie	Geografi
Gletsjers	Glaciärer
Ijs	Is
Migratie	Migration
Mineralen	Mineraler
Omgeving	Miljö
Onderzoeker	Forskare
Pinguïn	Pingviner
Rotsachtig	Stenig
Schiereiland	Halvö
Temperatuur	Temperatur
Topografie	Topografi
Water	Vatten
Wetenschappelijk	Vetenskaplig
Wolken	Moln

Astronomie
Astronomi

Aarde	Jord
Asteroïde	Asteroid
Astronaut	Astronaut
Astronoom	Astronom
Equinox	Dagjämning
Komeet	Komet
Kosmos	Kosmos
Maan	Måne
Meteoor	Meteor
Nevel	Nebulosa
Observatorium	Observatorium
Planeet	Planet
Raket	Raket
Satelliet	Satellit
Ster	Stjärna
Sterrenbeeld	Konstellation
Straling	Strålning
Telescoop	Teleskop
Universum	Universum
Zwaartekracht	Allvar

Avontuur
Äventyr

Activiteit	Aktivitet
Bestemming	Destination
Enthousiasme	Entusiasm
Excursie	Utflykt
Gevaarlijk	Farlig
Kans	Chans
Moed	Mod
Moeilijkheid	Svårighet
Natuur	Natur
Navigatie	Navigering
Nieuw	Ny
Ongewoon	Ovanlig
Reizen	Resor
Schoonheid	Skönhet
Uitdagingen	Utmaningar
Veiligheid	Säkerhet
Verrassend	Överraskande
Voorbereiding	Förberedelse
Vreugde	Glädje
Vrienden	Vänner

Badkamer
Badrum

Bad	Bad
Bellen	Bubblor
Douche	Dusch
Handdoek	Handduk
Kraan	Kran
Lotion	Lotion
Parfum	Parfym
Schaar	Sax
Shampoo	Schampo
Spiegel	Spegel
Spons	Svamp
Stoom	Ånga
Tapijt	Matta
Water	Vatten
Wc	Toalett
Zeep	Tvål

Ballet
Balett

Applaus	Applåder
Artistiek	Konstnärlig
Ballerina	Ballerina
Choreografie	Koreografi
Componist	Kompositör
Dansers	Dansare
Expressief	Uttrycksfull
Gebaar	Gest
Intensiteit	Intensitet
Muziek	Musik
Orkest	Orkester
Praktijk	Öva
Publiek	Publik
Repetitie	Repetition
Ritme	Rytm
Sierlijk	Graciös
Spieren	Muskler
Stijl	Stil
Techniek	Teknik
Vaardigheid	Färdighet

Barbecues
Grillar

Diner	Middag
Familie	Familj
Fruit	Frukt
Grill	Grill
Groente	Grönsaker
Heet	Varm
Honger	Hunger
Kip	Kyckling
Lunch	Lunch
Messen	Knivar
Muziek	Musik
Peper	Peppar
Salades	Sallader
Saus	Sås
Tomaten	Tomater
Uien	Lök
Uitnodiging	Inbjudan
Vorken	Gafflar
Zomer	Sommar
Zout	Salt

Beeldende Kunsten
Visuella Konsterna

Architectuur	Arkitektur
Artiest	Konstnär
Beeldhouwwerk	Skulptur
Creativiteit	Kreativitet
Ezel	Staffli
Film	Film
Foto	Fotografi
Houtskool	Träkol
Keramiek	Keramik
Klei	Lera
Krijt	Krita
Meesterwerk	Mästerverk
Perspectief	Perspektiv
Portret	Porträtt
Potlood	Penna
Schilderij	Målning
Stencil	Stencil
Vernis	Lack
Was	Vax

Behoud
Bevarande

Chemicaliën	Kemikalier
Duurzaam	Hållbar
Ecosysteem	Ekosystem
Fiets	Cykel
Gezondheid	Hälsa
Groen	Grön
Habitat	Livsmiljö
Klimaat	Klimat
Milieu	Miljö
Natuurlijk	Naturlig
Onderwijs	Utbildning
Organisch	Organisk
Recycleren	Återvinna
Verminderen	Minska
Vervuiling	Förorening
Vrijwilliger	Volontär
Water	Vatten
Zorg	Oro

Beroepen #1
Yrken # 1

Advocaat	Advokat
Ambassadeur	Ambassadör
Apotheker	Apotekare
Astronoom	Astronom
Atleet	Idrottare
Bankier	Bankir
Cartograaf	Kartograf
Danser	Dansare
Dierenarts	Veterinär
Dokter	Läkare
Editor	Redaktör
Geoloog	Geolog
Jager	Jägare
Juwelier	Juvelerare
Loodgieter	Rörmokare
Muzikant	Musiker
Pianist	Pianist
Psycholoog	Psykolog
Verpleegster	Sjuksköterska
Wetenschapper	Forskare

Beroepen #2
Yrken # 2

Arts	Läkare
Astronaut	Astronaut
Bibliothecaris	Bibliotekarie
Bioloog	Biolog
Boer	Bonde
Chirurg	Kirurg
Detective	Detektiv
Filosoof	Filosof
Fotograaf	Fotograf
Illustrator	Illustratör
Ingenieur	Ingenjör
Journalist	Journalist
Leraar	Lärare
Linguïst	Lingvist
Onderzoeker	Forskare
Piloot	Pilot
Schilder	Målare
Tandarts	Tandläkare
Uitvinder	Uppfinnare
Zoöloog	Zoolog

Bijen
Bin

Bestuiver	Pollinator
Bijenkorf	Bikupa
Bloemen	Blommor
Bloesem	Blomma
Diversiteit	Mångfald
Ecosysteem	Ekosystem
Fruit	Frukt
Habitat	Livsmiljö
Honing	Honung
Insect	Insekt
Koningin	Drottning
Rook	Rök
Stuifmeel	Pollen
Tuin	Trädgård
Vleugels	Vingar
Voedsel	Mat
Voordelig	Välgörande
Was	Vax
Zon	Sol
Zwerm	Svärm

Bijvoeglijke Naamwoorden
Adjektiv #1

Aantrekkelijk	Attraktiv
Actief	Aktiv
Ambitieus	Ambitiös
Aromatisch	Aromatisk
Artistiek	Konstnärlig
Belangrijk	Viktig
Diep	Djup
Donker	Mörk
Dun	Tunn
Eerlijk	Ärlig
Exotisch	Exotisk
Identiek	Identisk
Jong	Ung
Lang	Lång
Langzaam	Långsam
Modern	Modern
Onschuldig	Oskyldig
Perfect	Perfekt
Waardevol	Värdefull
Zwaar	Tung

Bijvoeglijke Naamwoorden
Adjektiv #2

Authentiek	Autentisk
Begaafd	Begåvad
Beschrijvend	Beskrivande
Creatief	Kreativ
Dramatisch	Dramatisk
Gezond	Friska
Hongerig	Hungrig
Interessant	Intressant
Moe	Trött
Natuurlijk	Naturlig
Nieuw	Ny
Normaal	Normal
Productief	Produktiv
Slaperig	Sömnig
Sterk	Stark
Trots	Stolt
Verantwoordelijk	Ansvarig
Wild	Vild
Zout	Salt
Zuiver	Ren

Bloemen
Blommor

Bloemblad	Kronblad
Boeket	Bukett
Gardenia	Gardenia
Hibiscus	Hibiskus
Jasmijn	Jasmin
Klaver	Klöver
Lavendel	Lavendel
Lelie	Lilja
Lila	Lila
Madeliefje	Tusensköna
Magnolia	Magnolia
Narcis	Påsklilja
Orchidee	Orkidé
Paardebloem	Maskros
Papaver	Vallmo
Passiebloem	Passionflower
Pioenroos	Pion
Plumeria	Plumeria
Tulp	Tulpan
Zonnebloem	Solros

Boeken
Böcker

Auteur	Författare
Avontuur	Äventyr
Bladzijde	Sida
Collectie	Samling
Context	Sammanhang
Dualiteit	Dualitet
Episch	Episk
Gedicht	Dikt
Geschreven	Skrivs
Historisch	Historisk
Humoristisch	Humoristisk
Karakter	Karaktär
Lezer	Läsare
Literair	Litterär
Poëzie	Poesi
Relevant	Relevant
Roman	Roman
Tragisch	Tragisk
Verhaal	Berättelse
Verteller	Berättare

Boerderij #1
Gård #1

Bij	Bi
Ezel	Åsna
Geit	Get
Hek	Staket
Hond	Hund
Honing	Honung
Hooi	Hö
Kalf	Kalv
Kat	Katt
Kip	Kyckling
Koe	Ko
Kraai	Kråka
Kudde	Flock
Landbouw	Jordbruk
Mest	Gödsel
Paard	Häst
Rijst	Ris
Veld	Fält
Water	Vatten
Zaden	Frön

Boerderij #2
Gård #2

Bijenkorf	Bikupa
Boer	Bonde
Boomgaard	Fruktträdgård
Dieren	Djur
Eend	Anka
Fruit	Frukt
Gerst	Korn
Groente	Grönsak
Herder	Herde
Irrigatie	Bevattning
Lam	Lamm
Lama	Lama
Maïs	Majs
Melk	Mjölk
Schaap	Får
Schuur	Lada
Tarwe	Vete
Tractor	Traktor
Weide	Äng
Windmolen	Väderkvarn

Boten
Båtar

Anker	Ankare
Bemanning	Besättning
Boei	Boj
Dok	Docka
Golven	Vågor
Jacht	Yacht
Kajak	Kajak
Kano	Kanot
Mast	Mast
Matroos	Sjöman
Meer	Sjö
Motor	Motor
Nautisch	Nautisk
Reddingsboot	Livbåt
Rivier	Flod
Touw	Rep
Veerboot	Färja
Vlot	Flotte
Zee	Hav
Zeilboot	Segelbåt

Camping
Camping

Avontuur	Äventyr
Berg	Berg
Bomen	Träd
Bos	Skog
Brand	Eld
Cabine	Stuga
Dieren	Djur
Hangmat	Hängmatta
Hoed	Hatt
Insect	Insekt
Jacht	Jakt
Kaart	Karta
Kano	Kanot
Kompas	Kompass
Lantaarn	Lykta
Maan	Måne
Meer	Sjö
Natuur	Natur
Tent	Tält
Touw	Rep

Chocolade
Choklad

Antioxidant	Antioxidant
Aroma	Arom
Bitter	Bitter
Cacao	Kakao
Calorieën	Kalorier
Exotisch	Exotisk
Favoriet	Favorit
Heerlijk	Läcker
Ingrediënt	Ingrediens
Karamel	Kola
Kokosnoot	Kokos
Kwaliteit	Kvalitet
Pinda'S	Jordnötter
Poeder	Pulver
Recept	Recept
Smaak	Smak
Snoep	Godis
Suiker	Socker
Zoet	Söt

Circus
Cirkus

Aap	Apa
Acrobaat	Akrobat
Ballonnen	Ballonger
Clown	Clown
Dieren	Djur
Goochelaar	Trollkarl
Jongleur	Jonglör
Kaartje	Biljett
Kostuum	Kostym
Leeuw	Lejon
Magie	Magi
Muziek	Musik
Olifant	Elefant
Parade	Parad
Snoep	Godis
Tent	Tält
Tijger	Tiger
Toeschouwer	Åskådare
Truc	Lura
Vermaken	Underhålla

Dagen en Maanden
Dagar och Månader

Augustus	Augusti
Dinsdag	Tisdag
Donderdag	Torsdag
Februari	Februari
Jaar	År
Januari	Januari
Juli	Juli
Juni	Juni
Kalender	Kalender
Maand	Månad
Maandag	Måndag
Maart	Mars
November	November
Oktober	Oktober
September	September
Vrijdag	Fredag
Week	Vecka
Woensdag	Onsdag
Zaterdag	Lördag
Zondag	Söndag

Dans
Dansa

Academie	Akademi
Beweging	Rörelse
Blij	Glad
Choreografie	Koreografi
Cultureel	Kulturell
Cultuur	Kultur
Emotie	Känsla
Expressief	Uttrycksfull
Genade	Nåd
Houding	Hållning
Klassiek	Klassisk
Kunst	Konst
Lichaam	Kropp
Muziek	Musik
Partner	Partner
Repetitie	Repetition
Ritme	Rytm
Springen	Hoppa
Traditioneel	Traditionell
Visueel	Visuell

Dinosaurussen
Dinosaurier

Aarde	Jord
Carnivoor	Rovdjur
Enorm	Enorm
Evolutie	Evolution
Fossielen	Fossil
Groot	Stor
Grootte	Storlek
Herbivoor	Växtätare
Krachtig	Kraftfull
Mammoet	Mammut
Omnivoor	Allätare
Prehistorisch	Förhistorisk
Prooi	Byte
Reptiel	Reptil
Roofvogel	Rovfågel
Soort	Art
Staart	Svans
Verdwijning	Försvinnande
Vicieuze	Ond
Vleugels	Vingar

Ecologie
Ekologi

Bergen	Berg
Diversiteit	Mångfald
Droogte	Torka
Duurzaam	Hållbar
Fauna	Fauna
Flora	Flora
Gemeenschappen	Samhällen
Globaal	Global
Habitat	Livsmiljö
Klimaat	Klimat
Marinier	Marin
Moeras	Kärr
Natuur	Natur
Natuurlijk	Naturlig
Overleving	Överlevnad
Planten	Växter
Soort	Art
Variëteit	Mängd
Vegetatie	Vegetation
Vrijwilligers	Frivilliga

Emoties
Känslor

Angst	Rädsla
Beschaamd	Generad
Dankbaar	Tacksam
Droefheid	Sorg
Gelukzaligheid	Salighet
Inhoud	Innehåll
Liefde	Kärlek
Ontspannen	Avslappnad
Opgewonden	Upphetsad
Opluchting	Lättnad
Rust	Lugn
Sympathie	Sympati
Tederheid	Ömhet
Tevreden	Nöjd
Verrassing	Överraskning
Verveling	Leda
Vrede	Fred
Vreugde	Glädje
Vriendelijkheid	Vänlighet
Woede	Ilska

Eten #1
Mat #1

Aardbei	Jordgubb
Abrikoos	Aprikos
Basilicum	Basilika
Citroen	Citron
Gerst	Korn
Kaneel	Kanel
Knoflook	Vitlök
Melk	Mjölk
Peer	Päron
Pinda	Jordnöt
Salade	Sallad
Sap	Juice
Soep	Soppa
Spinazie	Spenat
Suiker	Socker
Tonijn	Tonfisk
Ui	Lök
Vlees	Kött
Wortel	Morot
Zout	Salt

Eten #2
Mat #2

Amandel	Mandel
Ananas	Ananas
Appel	Äpple
Asperge	Sparris
Aubergine	Äggplanta
Banaan	Banan
Broccoli	Broccoli
Brood	Bröd
Druif	Druva
Ei	Ägg
Ham	Skinka
Kaas	Ost
Kip	Kyckling
Kiwi	Kiwi
Perzik	Persika
Rijst	Ris
Tarwe	Vete
Tomaat	Tomat
Vis	Fisk
Yoghurt	Yoghurt

Exploratie
Prospektering

Activiteit	Aktivitet
Bepaling	Bestämning
Culturen	Kulturer
Dieren	Djur
Gevaarlijk	Farlig
Gevaren	Risker
Moed	Mod
Nieuw	Ny
Onbekend	Okänd
Ontdekking	Upptäckt
Opwinding	Spänning
Reis	Resa
Ruimte	Rymd
Taal	Språk
Terrein	Terräng
Uitputting	Utmattning
Ver	Avlägsen
Wild	Vild

Familie
Familj

Broer	Bror
Dochter	Dotter
Grootmoeder	Mormor
Jeugd	Barndom
Kind	Barn
Kleinzoon	Barnbarn
Man	Make
Moeder	Mor
Neef	Brorson
Nicht	Syskonbarn
Oom	Farbror
Opa	Farfar
Tante	Moster
Tweeling	Tvillingar
Vader	Far
Vaderlijk	Faderlig
Voorouder	Förfader
Vrouw	Fru
Zus	Syster

Fruit
Frukt

Abrikoos	Aprikos
Ananas	Ananas
Appel	Äpple
Avocado	Avokado
Banaan	Banan
Bes	Bär
Citroen	Citron
Druif	Druva
Framboos	Hallon
Kers	Körsbär
Kiwi	Kiwi
Kokosnoot	Kokos
Mango	Mango
Meloen	Melon
Nectarine	Nektarin
Oranje	Apelsin
Papaja	Papaya
Peer	Päron
Perzik	Persika
Pruim	Plommon

Gebouwen
Byggnader

Ambassade	Ambassad
Appartement	Lägenhet
Bioscoop	Bio
Boerderij	Gård
Cabine	Stuga
Fabriek	Fabrik
Hotel	Hotell
Kasteel	Slott
Laboratorium	Laboratorium
Museum	Museum
Observatorium	Observatorium
School	Skola
Schuur	Lada
Stadion	Stadion
Supermarkt	Mataffär
Tent	Tält
Theater	Teater
Toren	Torn
Universiteit	Universitet
Ziekenhuis	Sjukhus

Geografie
Geografi

Atlas	Atlas
Berg	Berg
Breedtegraad	Breddgrad
Continent	Kontinent
Eiland	Ö
Evenaar	Ekvator
Halfrond	Halvklot
Hoogte	Höjd
Kaart	Karta
Land	Land
Lengtegraad	Longitud
Meridiaan	Meridian
Noorden	Norr
Regio	Område
Rivier	Flod
Stad	Stad
Wereld	Värld
Westen	Väst
Zee	Hav
Zuiden	Söder

Geologie
Geologi

Aardbeving	Jordbävning
Calcium	Kalcium
Continent	Kontinent
Erosie	Erosion
Fossiel	Fossil
Geiser	Gejser
Gesmolten	Smält
Grot	Grotta
Koraal	Korall
Kristallen	Kristaller
Kwarts	Kvarts
Laag	Lager
Lava	Lava
Plateau	Platå
Stalactiet	Stalaktit
Steen	Sten
Vulkaan	Vulkan
Zone	Zon
Zout	Salt
Zuur	Syra

Gereedschap Voor het Kok
Matlagningsverktyg

Bestek	Bestick
Broodrooster	Brödrost
Deksel	Lock
Kachel	Spis
Ketel	Vattenkokare
Koelkast	Kylskåp
Lepel	Sked
Mes	Kniv
Oven	Ugn
Rasp	Rivjärn
Sapcentrifuge	Juicepress
Schaar	Sax
Spatel	Spatel
Thermometer	Termometer
Vergiet	Durkslag
Vork	Gaffel
Zeef	Sil

Getallen
Nummer

Acht	Åtta
Achttien	Arton
Dertien	Tretton
Drie	Tre
Een	Ett
Negen	Nio
Negentien	Nitton
Nul	Noll
Tien	Tio
Twaalf	Tolv
Twee	Två
Twintig	Tjugo
Veertien	Fjorton
Vier	Fyra
Vijf	Fem
Vijftien	Femton
Zes	Sex
Zestien	Sexton
Zeven	Sju
Zeventien	Sjutton

Groenten
Grönsaker

Artisjok	Kronärtskocka
Aubergine	Äggplanta
Broccoli	Broccoli
Erwt	Ärta
Gember	Ingefära
Knoflook	Vitlök
Komkommer	Gurka
Olijf	Oliv
Paddestoel	Svamp
Peterselie	Persilja
Pompoen	Pumpa
Raap	Rova
Radijs	Rädisa
Salade	Sallad
Selderij	Selleri
Sjalot	Schalottenlök
Spinazie	Spenat
Tomaat	Tomat
Ui	Lök
Wortel	Morot

Haartypes
Hårtyper

Blond	Blond
Bruin	Brun
Dik	Tjock
Droog	Torr
Dun	Tunn
Gekleurd	Färgad
Gevlochten	Flätad
Gezond	Friska
Golvend	Vågig
Grijs	Grå
Hoofdhuid	Skalp
Kaal	Skallig
Kort	Kort
Krullen	Lockar
Krullend	Lockigt
Lang	Lång
Wit	Vit
Zacht	Mjuk
Zilver	Silver
Zwart	Svart

Herbalisme
Herbalism

Aromatisch	Aromatisk
Basilicum	Basilika
Bloem	Blomma
Culinair	Kulinarisk
Dille	Dill
Dragon	Dragon
Groen	Grön
Ingrediënt	Ingrediens
Knoflook	Vitlök
Kwaliteit	Kvalitet
Lavendel	Lavendel
Marjolein	Mejram
Oregano	Oregano
Peterselie	Persilja
Rozemarijn	Rosmarin
Saffraan	Saffran
Smaak	Smak
Tijm	Timjan
Tuin	Trädgård
Venkel	Fänkål

Huis
Hus

Bezem	Kvast
Bibliotheek	Bibliotek
Dak	Tak
Deur	Dörr
Douche	Dusch
Garage	Garage
Haard	Öppen Spis
Hek	Staket
Kamer	Rum
Kelder	Källare
Keuken	Kök
Lamp	Lampa
Meubilair	Möbel
Muur	Vägg
Schoorsteen	Skorsten
Slaapkamer	Sovrum
Spiegel	Spegel
Tapijt	Matta
Tuin	Trädgård
Zolder	Vind

Huisdieren
Husdjur

Dierenarts	Veterinär
Geit	Get
Hagedis	Ödla
Hamster	Hamster
Hond	Hund
Kat	Katt
Katje	Kattunge
Klauwen	Klor
Koe	Ko
Konijn	Kanin
Kraag	Krage
Muis	Mus
Papegaai	Papegoja
Poten	Tassar
Puppy	Valp
Schildpad	Sköldpadda
Staart	Svans
Vis	Fisk
Voedsel	Mat
Water	Vatten

Insecten
Insekter

Bidsprinkhaan	Bönsyrsa
Bij	Bi
Bladluis	Bladlus
Cicade	Cikada
Horzel	Bålgeting
Kakkerlak	Kackerlacka
Kever	Skalbagge
Larve	Larv
Libel	Trollslända
Mier	Myra
Mot	Mal
Mug	Mygga
Sprinkhaan	Gräshoppa
Termiet	Termit
Vlinder	Fjäril
Vlo	Loppa
Wesp	Geting
Worm	Mask

Installaties
Växter

Bamboe	Bambu
Bes	Bär
Blad	Blad
Bloem	Blomma
Boom	Träd
Boon	Böna
Bos	Skog
Cactus	Kaktus
Flora	Flora
Gebladerte	Lövverk
Gras	Gräs
Klimop	Murgröna
Kruid	Ört
Mest	Gödsel
Mos	Mossa
Plantkunde	Botanik
Struik	Buske
Tuin	Trädgård
Vegetatie	Vegetation
Wortel	Rot

Kampioenschap
Mästerskap

Finalist	Finalist
Games	Spel
Kampioen	Mästare
Kampioenschap	Mästerskap
Liga	Liga
Medaille	Medalj
Motivatie	Motivering
Prestatie	Prestanda
Rechter	Bedöma
Sport	Sport
Strategie	Strategi
Team	Team
Toernooi	Turnering
Trainer	Tränare
Transpiratie	Svett
Zege	Seger

Kastelen
Slott

Draak	Drake
Dynastie	Dynasti
Edele	Ädel
Eenhoorn	Enhörning
Feodaal	Feodal
Harnas	Rustning
Katapult	Katapult
Kerker	Fängelsehåla
Koninkrijk	Rike
Kroon	Krona
Muur	Vägg
Paard	Häst
Paleis	Palats
Prins	Prins
Prinses	Prinsessa
Ridder	Riddare
Rijk	Imperium
Schild	Sköld
Toren	Torn
Zwaard	Svärd

Katten
Katter

Bont	Päls
Garen	Garn
Gek	Galen
Grappig	Rolig
Jager	Jägare
Klauw	Klo
Klein	Liten
Muis	Mus
Nieuwsgierig	Nyfiken
Onafhankelijk	Oberoende
Persoonlijkheid	Personlighet
Poot	Tass
Slaap	Sömn
Snel	Snabb
Speels	Lekfull
Staart	Svans
Verlegen	Blyg
Wild	Vild

Keuken
Kök

Cup	Koppar
Eetstokjes	Ätpinnar
Grill	Grill
Ketel	Vattenkokare
Koelkast	Kylskåp
Kom	Skål
Kruik	Kanna
Lepels	Skedar
Messen	Knivar
Oven	Ugn
Pollepel	Slev
Pot	Burk
Recept	Recept
Schort	Förkläde
Servet	Servett
Specerijen	Kryddor
Spons	Svamp
Voedsel	Mat
Vorken	Gafflar
Vriezer	Frys

Kleding
Kläder

Armband	Armband
Blouse	Blus
Broek	Byxor
Handschoenen	Handskar
Hoed	Hatt
Jas	Päls
Jasje	Jacka
Jurk	Klänning
Ketting	Halsband
Mode	Mode
Pyjama	Pyjamas
Riem	Bälte
Rok	Kjol
Sandalen	Sandaler
Schoen	Sko
Schort	Förkläde
Shirt	Skjorta
Sjaal	Halsduk
Sokken	Strumpor
Trui	Tröja

Kleuren
Färger

Beige	Beige
Blauw	Blå
Bruin	Brun
Cyaan	Cyan
Fuchsia	Fuchsia
Geel	Gul
Grijs	Grå
Groen	Grön
Indigo	Indigo
Magenta	Magenta
Oranje	Apelsin
Paars	Lila
Rood	Röd
Roze	Rosa
Sepia	Sepia
Wit	Vit
Zwart	Svart

Klimmen
Klättring

Atmosfeer	Atmosfär
Deskundige	Expert
Fysiek	Fysisk
Gidsen	Guide
Grot	Grotta
Handschoenen	Handskar
Helm	Hjälm
Hoogte	Höjd
Kaart	Karta
Kracht	Styrka
Laarzen	Stövlar
Letsel	Skada
Nieuwsgierigheid	Nyfikenhet
Opleiding	Träning
Smal	Smal
Stabiliteit	Stabilitet
Terrein	Terräng
Uitdagingen	Utmaningar
Wandelen	Vandring

Kunst
Konst

Beeldhouwwerk	Skulptur
Complex	Komplex
Creëren	Skapa
Eenvoudig	Enkel
Eerlijk	Ärlig
Figuur	Figur
Geïnspireerd	Inspirerad
Humeur	Humör
Keramisch	Keramik
Onderwerp	Ämne
Origineel	Original
Persoonlijk	Personlig
Poëzie	Poesi
Portretteren	Skildra
Schilderijen	Målningar
Surrealisme	Surrealism
Symbool	Symbol
Uitdrukking	Uttryck
Visueel	Visuell

Kunstbenodigdheden
Konstmaterial

Acryl	Akryl
Aquarellen	Akvareller
Borstels	Borstar
Camera	Kamera
Creativiteit	Kreativitet
Ezel	Staffli
Gom	Suddgummi
Houtskool	Träkol
Ideeën	Idéer
Inkt	Bläck
Klei	Lera
Kleuren	Färger
Lijm	Lim
Olie	Olja
Papier	Papper
Potloden	Pennor
Stoel	Stol
Tafel	Tabell
Verf	Färg
Water	Vatten

Landen #2
Länder #2

Denemarken	Danmark
Ethiopië	Etiopien
Frankrijk	Frankrike
Griekenland	Grekland
Ierland	Irland
Indonesië	Indonesien
Japan	Japan
Kenia	Kenya
Laos	Laos
Libanon	Libanon
Liberia	Liberia
Maleisië	Malaysia
Mexico	Mexico
Nepal	Nepal
Nigeria	Nigeria
Oeganda	Uganda
Oekraïne	Ukraina
Rusland	Ryssland
Somalië	Somalia
Syrië	Syrien

Landschappen
Landskap

Berg	Berg
Eiland	Ö
Geiser	Gejser
Gletsjer	Glaciär
Golf	Golf
Grot	Grotta
Heuvel	Kulle
IJsberg	Isberg
Meer	Sjö
Moeras	Träsk
Oase	Oas
Rivier	Flod
Schiereiland	Halvö
Strand	Strand
Toendra	Tundra
Vallei	Dal
Vulkaan	Vulkan
Waterval	Vattenfall
Woestijn	Öken
Zee	Hav

Literatuur
Litteratur

Analogie	Analogi
Analyse	Analys
Anekdote	Anekdot
Auteur	Författare
Biografie	Biografi
Conclusie	Slutsats
Dialoog	Dialog
Gedicht	Dikt
Mening	Åsikt
Metafoor	Metafor
Omschrijving	Beskrivning
Poëtisch	Poetisk
Rijm	Rim
Ritme	Rytm
Roman	Roman
Stijl	Stil
Thema	Tema
Tragedie	Tragedi
Vergelijking	Jämförelse
Verteller	Berättare

Meditatie
Meditation

Aandacht	Uppmärksamhet
Aanvaarding	Godkännande
Ademhaling	Andas
Beweging	Rörelse
Dankbaarheid	Tacksamhet
Emoties	Känslor
Gedachten	Tankar
Geluk	Lycka
Helderheid	Klarhet
Houding	Hållning
Mededogen	Medkänsla
Mentaal	Psykisk
Muziek	Musik
Natuur	Natur
Observatie	Observation
Perspectief	Perspektiv
Stilte	Tystnad
Vrede	Fred
Vriendelijkheid	Vänlighet
Wakker	Vaken

Meer Informatie
Science Fiction

Bioscoop	Bio
Boeken	Böcker
Brand	Eld
Denkbeeldig	Imaginär
Dystopie	Dystopi
Explosie	Explosion
Extreem	Extrem
Fantastisch	Fantastisk
Futuristisch	Trogen
Illusie	Illusion
Mysterieus	Mystisk
Orakel	Orakel
Planeet	Planet
Realistisch	Realistisk
Robots	Robotar
Scenario	Scenario
Sterrenstelsel	Galax
Technologie	Teknik
Utopie	Utopi
Wereld	Värld

Menselijk Lichaam
Människokroppen

Been	Ben
Bloed	Blod
Elleboog	Armbåge
Enkel	Fotled
Hand	Hand
Hart	Hjärta
Hersenen	Hjärna
Hoofd	Huvud
Huid	Hud
Kaak	Käke
Kin	Haka
Knie	Knä
Maag	Mage
Mond	Mun
Nek	Hals
Neus	Näsa
Oor	Öra
Schouder	Axel
Tong	Tunga
Vinger	Finger

Metingen
Mått

Breedte	Bredd
Byte	Byte
Centimeter	Centimeter
Decimaal	Decimal
Diepte	Djup
Gewicht	Vikt
Graad	Grad
Gram	Gram
Hoogte	Höjd
Inch	Tum
Kilogram	Kilogram
Kilometer	Kilometer
Lengte	Längd
Liter	Liter
Massa	Massa
Meter	Meter
Minuut	Minut
Ons	Uns
Ton	Ton
Volume	Volym

Meubels
Möbler

Bank	Bänk
Bed	Säng
Boekenkast	Bokhylla
Bureau	Skrivbord
Dressoir	Byrå
Fauteuil	Fåtölj
Futon	Futon
Gordijnen	Gardiner
Hangmat	Hängmatta
Kussen	Kudde
Kussens	Kuddar
Lamp	Lampa
Matras	Madrass
Planken	Hyllor
Spiegel	Spegel
Stoel	Stol
Tapijt	Matta

Muziekinstrumenten
Musikinstrument

Banjo	Banjo
Cello	Cello
Fagot	Fagott
Fluit	Flöjt
Gitaar	Gitarr
Gong	Gong
Harp	Harpa
Hobo	Oboe
Klarinet	Klarinett
Mandoline	Mandolin
Marimba	Marimba
Mondharmonica	Munspel
Percussie	Slagverk
Piano	Piano
Saxofoon	Saxofon
Tamboerijn	Tamburin
Trombone	Trombon
Trommel	Trumma
Trompet	Trumpet
Viool	Fiol

Mythologie
Mytologi

Archetype	Arketyp
Bliksem	Blixt
Creatie	Skapande
Cultuur	Kultur
Donder	Åska
Doolhof	Labyrint
Gedrag	Beteende
Held	Hjälte
Heldin	Hjältinna
Hemel	Himmel
Jaloezie	Svartsjuka
Kracht	Styrka
Krijger	Krigare
Legende	Legend
Monster	Monster
Onsterfelijkheid	Odödlighet
Ramp	Katastrof
Sterfelijk	Dödlig
Wezen	Varelse
Wraak	Hämnd

Natuur
Natur

Arctisch	Arktisk
Bijen	Bin
Bos	Skog
Dieren	Djur
Dynamisch	Dynamisk
Erosie	Erosion
Gebladerte	Lövverk
Gletsjer	Glaciär
Heiligdom	Fristad
Klippen	Klippor
Mist	Dimma
Rivier	Flod
Schoonheid	Skönhet
Schuilplaats	Skydd
Sereen	Lugn
Tropisch	Tropisk
Vitaal	Avgörande
Wild	Vild
Woestijn	Öken
Wolken	Moln

Oceaan
Hav

Aal	Ål
Algen	Alger
Boot	Båt
Dolfijn	Delfin
Garnaal	Räka
Getijden	Tidvatten
Haai	Haj
Koraal	Korall
Krab	Krabba
Kwal	Manet
Octopus	Bläckfisk
Oester	Ostron
Rif	Rev
Schildpad	Sköldpadda
Spons	Svamp
Storm	Storm
Tonijn	Tonfisk
Vis	Fisk
Walvis	Val
Zout	Salt

Piraten
Pirater

Anker	Ankare
Avontuur	Äventyr
Bemanning	Besättning
Eiland	Ö
Gevaar	Fara
Goud	Guld
Grot	Grotta
Kaart	Karta
Kapitein	Kapten
Kompas	Kompass
Legende	Legend
Litteken	Ärr
Oceaan	Hav
Papegaai	Papegoja
Rum	Rom
Schat	Skatt
Slecht	Dålig
Strand	Strand
Vlag	Flagga
Zwaard	Svärd

Regenwoud
Regnskog

Amfibieën	Amfibier
Behoud	Bevarande
Botanisch	Botanisk
Diversiteit	Mångfald
Gemeenschap	Gemenskap
Inheems	Inhemsk
Insecten	Insekter
Jungle	Djungel
Klimaat	Klimat
Mos	Mossa
Natuur	Natur
Overleving	Överlevnad
Respect	Respekt
Restauratie	Restaurering
Soort	Art
Toevlucht	Tillflykt
Vogels	Fåglar
Waardevol	Värdefull
Wolken	Moln
Zoogdieren	Däggdjur

Restaurant #1
Restaurang # 1

Allergie	Allergi
Bord	Platta
Brood	Bröd
Ingrediënten	Ingredienser
Kassier	Kassör
Keuken	Kök
Kip	Kyckling
Koffie	Kaffe
Kom	Skål
Menu	Meny
Mes	Kniv
Pittig	Kryddad
Reservering	Bokning
Saus	Sås
Serveerster	Servitris
Servet	Servett
Toetje	Efterrätt
Vlees	Kött
Voedsel	Mat

Restaurant #2
Restaurang nr 2

Cake	Kaka
Diner	Middag
Drank	Dryck
Eieren	Ägg
Fruit	Frukt
Groente	Grönsaker
Heerlijk	Läcker
Ijs	Is
Lepel	Sked
Lunch	Lunch
Noedels	Nudlar
Ober	Servitör
Salade	Sallad
Soep	Soppa
Specerijen	Kryddor
Stoel	Stol
Vis	Fisk
Vork	Gaffel
Water	Vatten
Zout	Salt

Rijden
Körning

Auto	Bil
Brandstof	Bränsle
Garage	Garage
Gas	Gas
Gevaar	Fara
Kaart	Karta
Licentie	Licens
Motor	Motor
Motorfiets	Motorcykel
Ongeluk	Olycka
Politie	Polis
Remmen	Bromsar
Snelheid	Hastighet
Straat	Gata
Tunnel	Tunnel
Veiligheid	Säkerhet
Verkeer	Trafik
Voetganger	Fotgängare
Vrachtauto	Lastbil
Weg	Väg

Schaken
Schack

Diagonaal	Diagonal
Kampioen	Mästare
Koning	Kung
Koningin	Drottning
Offer	Offra
Passief	Passiv
Punten	Poäng
Reglement	Regler
Spel	Spel
Speler	Spelare
Strategie	Strategi
Tegenstander	Motståndare
Tijd	Tid
Toernooi	Turnering
Uitdagingen	Utmaningar
Wedstrijd	Tävling
Wit	Vit
Zwart	Svart

School #1
Skola # 1

Alfabet	Alfabet
Antwoorden	Svar
Bibliotheek	Bibliotek
Boeken	Böcker
Bureau	Skrivbord
Cijfers	Tal
Examens	Examen
Klaslokaal	Klassrum
Leraar	Lärare
Lunch	Lunch
Mappen	Mappar
Markeringen	Markörer
Papier	Papper
Pennen	Pennor
Plezier	Roligt
Potlood	Penna
Quiz	Frågesport
Stoel	Stol
Vrienden	Vänner
Wiskunde	Matematik

School #2
Skola #2

Academisch	Akademisk
Bibliotheek	Bibliotek
Bus	Buss
Computer	Dator
Grammatica	Grammatik
Huiswerk	Läxa
Kalender	Kalender
Leraar	Lärare
Literatuur	Litteratur
Onderwijs	Utbildning
Papier	Papper
Pennen	Pennor
Potlood	Penna
Rugzak	Ryggsäck
Schaar	Sax
Schoenen	Skor
Weekend	Helger
Wetenschap	Vetenskap
Wiskunde	Matematik
Woordenboek	Ordbok

Specerijen
Kryddor

Anijs	Anis
Bitter	Bitter
Gember	Ingefära
Kaneel	Kanel
Kardemom	Kardemumma
Kerrie	Curry
Knoflook	Vitlök
Komijn	Kummin
Koriander	Koriander
Kruidnagel	Kryddnejlika
Nootmuskaat	Muskot
Paprika	Paprika
Peper	Peppar
Saffraan	Saffran
Smaak	Smak
Ui	Lök
Vanille	Vanilj
Venkel	Fänkål
Zoet	Söt
Zout	Salt

Speelgoed
Leksaker

Ambachten	Hantverk
Auto	Bil
Bal	Boll
Boeken	Böcker
Boot	Båt
Drums	Trummor
Favoriet	Favorit
Fiets	Cykel
Games	Spel
Klei	Lera
Pop	Docka
Puzzel	Pussel
Robot	Robot
Schaak	Schack
Trein	Tåg
Verbeelding	Fantasi
Verf	Färg
Vlieger	Drake
Vliegtuig	Flygplan
Vrachtauto	Lastbil

Sport
Sporter

Atleet	Idrottare
Basketbal	Basket
Beweging	Rörelse
Fiets	Cykel
Golf	Golf
Gymnasium	Gymnasium
Gymnastiek	Gymnastik
Hockey	Hockey
Honkbal	Baseboll
Kampioenschap	Mästerskap
Scheidsrechter	Domare
Spel	Spel
Speler	Spelare
Stadion	Stadion
Team	Team
Tennis	Tennis
Trainer	Tränare
Winnaar	Vinnare

Stad
Staden

Apotheek	Apotek
Bakkerij	Bageri
Bank	Bank
Bibliotheek	Bibliotek
Bioscoop	Bio
Boekhandel	Bokhandel
Dierentuin	Zoo
Galerij	Galleri
Hotel	Hotell
Kliniek	Klinik
Luchthaven	Flygplats
Markt	Marknad
Museum	Museum
Restaurant	Restaurang
School	Skola
Stadion	Stadion
Supermarkt	Mataffär
Theater	Teater
Universiteit	Universitet
Winkel	Lagra

Strand
Strand

Blauw	Blå
Boot	Båt
Dok	Docka
Eiland	Ö
Handdoek	Handduk
Krab	Krabba
Kust	Kust
Lagune	Lagun
Paraplu	Paraply
Rif	Rev
Sandalen	Sandaler
Schelpen	Skal
Vakantie	Semester
Zand	Sand
Zee	Hav
Zeilboot	Segelbåt
Zon	Sol

Surfen
Surfa

Atleet	Idrottare
Beginner	Nybörjare
Extreem	Extrem
Golf	Våg
Kampioen	Mästare
Kracht	Styrka
Maag	Mage
Menigte	Folkmassor
Oceaan	Hav
Peddelen	Paddla
Plezier	Roligt
Populair	Populär
Rif	Rev
Schuim	Skum
Snelheid	Hastighet
Spray	Spray
Stijl	Stil
Strand	Strand
Weer	Väder

Technologie
Teknologi

Bericht	Meddelande
Bestand	Fil
Blog	Blogg
Bytes	Byte
Camera	Kamera
Computer	Dator
Cursor	Markör
Digitaal	Digital
Gegevens	Data
Internet	Internet
Lettertype	Teckensnitt
Onderzoek	Forskning
Scherm	Skärm
Software	Programvara
Statistiek	Statistik
Veiligheid	Säkerhet
Virtueel	Virtuell
Virus	Virus

Tijd
Tid

Dag	Dag
Decennium	Årtionde
Eeuw	Århundrade
Gisteren	Igår
Jaar	År
Jaarlijks	Årlig
Kalender	Kalender
Klok	Klocka
Maand	Månad
Middag	Middag
Minuut	Minut
Na	Efter
Nacht	Natt
Nu	Nu
Ochtend	Morgon
Toekomst	Framtid
Uur	Timme
Vandaag	Idag
Vroeg	Tidig
Week	Vecka

Tuin
Trädgård

Bank	Bänk
Bloem	Blomma
Boom	Träd
Boomgaard	Fruktträdgård
Garage	Garage
Gazon	Gräsmatta
Gras	Gräs
Hangmat	Hängmatta
Hark	Räfsa
Hek	Staket
Onkruid	Ogräs
Schop	Skyffel
Slang	Slang
Struik	Buske
Terras	Terrass
Trampoline	Trampolin
Tuin	Trädgård
Veranda	Veranda
Vijver	Damm
Wijnstok	Vin

Vakantie #2
Semester # 2

Bestemming	Destination
Buitenlander	Utlänning
Buitenlands	Utländsk
Eiland	Ö
Hotel	Hotell
Kaart	Karta
Kamperen	Camping
Luchthaven	Flygplats
Paspoort	Pass
Reis	Resa
Reserveringen	Reservationer
Restaurant	Restaurang
Strand	Strand
Taxi	Taxi
Tent	Tält
Vakantie	Semester
Vervoer	Transport
Visum	Visum
Vrije Tijd	Fritid
Zee	Hav

Verjaardag
Födelsedag

Cake	Kaka
Dag	Dag
Geboren	Född
Gelukkig	Lycklig
Geschenk	Gåva
Herinneringen	Minnen
Jaar	År
Jong	Ung
Kaarsen	Ljus
Kaarten	Kort
Kalender	Kalender
Lied	Låt
Ouder	Äldre
Plezier	Roligt
Speciaal	Särskild
Tijd	Tid
Uitnodigingen	Inbjudningar
Viering	Firande
Vrienden	Vänner
Wijsheid	Visdom

Vissen
Fiske

Aas	Bete
Apparatuur	Utrustning
Boot	Båt
Draad	Tråd
Geduld	Tålamod
Gewicht	Vikt
Haak	Krok
Kaak	Käke
Kieuwen	Gälar
Kok	Kock
Mand	Korg
Meer	Sjö
Oceaan	Hav
Overdrijving	Överdrift
Rivier	Flod
Seizoen	Säsong
Strand	Strand
Vinnen	Fenor
Water	Vatten

Vliegtuigen
Flygplan

Afdaling	Härkomst
Atmosfeer	Atmosfär
Avontuur	Äventyr
Ballon	Ballong
Bemanning	Besättning
Bouw	Konstruktion
Brandstof	Bränsle
Geschiedenis	Historia
Hemel	Himmel
Hoogte	Höjd
Landen	Landning
Lucht	Luft
Motor	Motor
Navigeren	Navigera
Ontwerp	Design
Passagier	Passagerare
Piloot	Pilot
Richting	Riktning
Turbulentie	Turbulens
Waterstof	Väte

Voeding
Näring

Bitter	Bitter
Calorieën	Kalorier
Dieet	Kost
Eetbaar	Ätlig
Eetlust	Aptit
Eiwitten	Proteiner
Evenwichtig	Balanserad
Fermentatie	Jäsning
Gewicht	Vikt
Gezond	Friska
Gezondheid	Hälsa
Koolhydraten	Kolhydrater
Kwaliteit	Kvalitet
Saus	Sås
Smaak	Smak
Spijsvertering	Matsmältning
Toxine	Toxin
Vitamine	Vitamin
Vloeistoffen	Vätskor
Voedingsstof	Näringsämne

Voertuigen
Fordon

Ambulance	Ambulans
Auto	Bil
Banden	Däck
Boot	Båt
Bus	Buss
Caravan	Husvagn
Fiets	Cykel
Helikopter	Helikopter
Metro	Tunnelbana
Motor	Motor
Onderzeeër	Ubåt
Raket	Raket
Scooter	Skoter
Taxi	Taxi
Tractor	Traktor
Trein	Tåg
Veerboot	Färja
Vliegtuig	Flygplan
Vlot	Flotte
Vrachtauto	Lastbil

Vogels
Fåglar

Duif	Duva
Eend	Anka
Ei	Ägg
Flamingo	Flamingo
Gans	Gås
Kip	Kyckling
Koekoek	Gök
Kraai	Kråka
Meeuw	Mås
Mus	Sparv
Ooievaar	Stork
Papegaai	Papegoja
Pauw	Påfågel
Pelikaan	Pelikan
Pinguïn	Pingvin
Reiger	Häger
Struisvogel	Struts
Toekan	Toucan
Uil	Uggla
Zwaan	Svan

Vormen
Former

Bol	Sfär
Boog	Båge
Cilinder	Cylinder
Cirkel	Cirkel
Curve	Kurva
Driehoek	Triangel
Hoek	Hörn
Hyperbool	Hyperbel
Kant	Sida
Kegel	Kon
Kubus	Kub
Lijn	Linje
Ovaal	Oval
Piramide	Pyramid
Prisma	Prisma
Randen	Kanter
Rechthoek	Rektangel
Ronde	Rund
Veelhoek	Polygon
Vierkant	Torg

Wandelen
Vandring

Berg	Berg
Dieren	Djur
Gevaren	Risker
Kaart	Karta
Kamperen	Camping
Klif	Klippa
Klimaat	Klimat
Laarzen	Stövlar
Moe	Trött
Muggen	Mygg
Natuur	Natur
Oriëntatie	Orientering
Parken	Parker
Stenen	Stenar
Top	Toppmöte
Voorbereiding	Förberedelse
Water	Vatten
Wild	Vild
Zon	Sol
Zwaar	Tung

Water
Vatten

Douche	Dusch
Geiser	Gejser
Golven	Vågor
Ijs	Is
Irrigatie	Bevattning
Kanaal	Kanal
Meer	Sjö
Moesson	Monsun
Oceaan	Hav
Orkaan	Orkan
Overstroming	Översvämning
Regen	Regn
Rivier	Flod
Sneeuw	Snö
Stoom	Ånga
Verdamping	Avdunstning
Vocht	Fukt
Vochtig	Fuktig
Vochtigheid	Fuktighet
Vorst	Frost

Weersomstandigheden
Väder

Atmosfeer	Atmosfär
Bliksem	Blixt
Donder	Åska
Droogte	Torka
Hemel	Himmel
Ijs	Is
Klimaat	Klimat
Mist	Dimma
Moesson	Monsun
Orkaan	Orkan
Overstroming	Översvämning
Polair	Polära
Regenboog	Regnbåge
Storm	Storm
Temperatuur	Temperatur
Tornado	Tromb
Tropisch	Tropisk
Vochtig	Fuktig
Wind	Vind
Wolk	Moln

Wetenschap
Vetenskap

Atoom	Atom
Chemisch	Kemisk
Deeltjes	Partiklar
Evolutie	Evolution
Experiment	Experiment
Feit	Faktum
Fossiel	Fossil
Gegevens	Data
Hypothese	Hypotes
Klimaat	Klimat
Laboratorium	Laboratorium
Methode	Metod
Mineralen	Mineraler
Moleculen	Molekyler
Natuur	Natur
Natuurkunde	Fysik
Observatie	Observation
Organisme	Organism
Wetenschapper	Forskare
Zwaartekracht	Allvar

Wetenschappelijke Discip
Vetenskapliga Discipliner

Anatomie	Anatomi
Archeologie	Arkeologi
Astronomie	Astronomi
Biochemie	Biokemi
Biologie	Biologi
Chemie	Kemi
Ecologie	Ekologi
Fysiologie	Fysiologi
Geologie	Geologi
Immunologie	Immunologi
Mechanica	Mekanik
Meteorologie	Meteorologi
Mineralogie	Mineralogi
Neurologie	Neurologi
Plantkunde	Botanik
Psychologie	Psykologi
Robotica	Robotteknik
Sociologie	Sociologi
Thermodynamica	Termodynamik
Voeding	Näring

Wiskunde
Matematik

Bol	Sfär
Decimaal	Decimal
Diameter	Diameter
Divisie	Division
Driehoek	Triangel
Exponent	Exponent
Fractie	Fraktion
Geometrie	Geometri
Hoeken	Vinklar
Loodrecht	Vinkelrät
Omtrek	Omkrets
Parallel	Parallell
Rechthoek	Rektangel
Rekenkundig	Aritmetisk
Som	Summa
Symmetrie	Symmetri
Veelhoek	Polygon
Vergelijking	Ekvation
Vierkant	Torg
Volume	Volym

Zomer
Sommaren

Boeken	Böcker
Duiken	Dykning
Familie	Familj
Games	Spel
Herinneringen	Minnen
Huis	Hem
Kamperen	Camping
Muziek	Musik
Ontspanning	Avkoppling
Reis	Resa
Sandalen	Sandaler
Sterren	Stjärnor
Strand	Strand
Tuin	Trädgård
Vakantie	Semester
Voedsel	Mat
Vreugde	Glädje
Vrienden	Vänner
Vrije Tijd	Fritid
Zee	Hav

Zoogdieren
Däggdjur

Aap	Apa
Bever	Bäver
Coyote	Prärievarg
Dolfijn	Delfin
Ezel	Åsna
Geit	Get
Giraf	Giraff
Gorilla	Gorilla
Hond	Hund
Kameel	Kamel
Kangoeroe	Känguru
Kat	Katt
Konijn	Kanin
Leeuw	Lejon
Olifant	Elefant
Paard	Häst
Stier	Tjur
Vos	Räv
Walvis	Val
Wolf	Varg

Gefeliciteerd

Je hebt het gehaald!

We hopen dat u net zoveel plezier beleeft aan dit boek als wij aan het maken ervan. We doen ons best om spellen van hoge kwaliteit te maken.
Deze puzzels zijn op een slimme manier ontworpen zodat je actief kunt leren terwijl je plezier hebt!

Vond je ze mooi?

Een Eenvoudig Verzoek

Onze boeken bestaan dankzij de recensies die zij publiceren.
Kunt u ons helpen door nu een mening achter te laten ?

Hier is een korte link die u naar uw
bestellingen beoordelingspagina.

BestBooksActivity.com/Recensie50

FINAAL UITDAGING!

Uitdaging nr. 1

Klaar voor uw bonusspel? We gebruiken ze de hele tijd, maar ze zijn niet zo gemakkelijk te vinden. Hier zijn **Synoniemen!**

Noteer 5 woorden die je ontdekt hebt in elk van de onderstaande puzzels (nr. 21, nr. 36, nr. 76) en probeer voor elk woord 2 synoniemen te vinden.

Notitie 5 Woorden uit *Puzzle 21*

Woorden	Synoniem 1	Synoniem 2

Notitie 5 Woorden uit *Puzzle 36*

Woorden	Synoniem 1	Synoniem 2

Notitie 5 Woorden uit *Puzzle 76*

Woorden	Synoniem 1	Synoniem 2

Uitdaging nr. 2

Nu je opgewarmd bent, noteer 5 woorden die je ontdekt hebt in elke hieronder genoteerde puzzel (nr. 9, nr. 17, nr. 25) en probeer voor elk woord 2
antoniemen te vinden. Hoeveel regels kan je doen in 20 minuten?

Notitie 5 Woorden uit *Puzzle 9*

Woorden	Antoniem 1	Antoniem 2

Notitie 5 Woorden uit *Puzzle 17*

Woorden	Antoniem 1	Antoniem 2

Notitie 5 Woorden uit *Puzzle 25*

Woorden	Antoniem 1	Antoniem 2

Uitdaging nr. 3

Prachtig, deze finaal uitdaging is makkelijk voor jou!

Klaar voor de laatste? Kies je 10 favoriete woorden die je in een van de puzzels hebt ontdekt en noteer ze hieronder.

1.	6.
2.	7.
3.	8.
4.	9.
5.	10.

De uitdaging is nu om met deze woorden en binnen een maximum van zes zinnen een tekst te schrijven over een persoon, dier of plaats waar je van houdt!

Tip: U kunt de laatste blanco pagina van dit boek als kladblaadje gebruiken!

Je schrijven:

NOTITIEBOEKJE:

TOT SNEL!

Linguas Classics